초등필수
영단어

교육부 지정 초등필수 영단어 5·6학년용

지은이 초등교재개발연구소
펴낸이 임상진
펴낸곳 (주)넥서스

출판신고 1992년 4월 3일 제311-2002-2호 ㉒
10880 경기도 파주시 지목로 5
Tel (02)330-5500 Fax (02)330-5555

ISBN 979-11-5752-877-6 64740
        979-11-5752-874-5 （SET）

www.nexusEDU.kr

교육부 지정

초등필수 영단어

5-6
학년용

NEXUS Edu

초등필수 영단어

보고, 듣고, 읽고, 쓰면서 외우는
감각적 단어 암기장

- 최신 교육 과정에 따른 **초등학교 권장 어휘 798개**를 포함한 총 900개의 어휘로 구성

- 일상 생활, 학교 생활 속에서 만날 수 있는 **토픽별 단어**

- 그림으로 단어 익히고 **패턴 연습**으로 문장 암기

- 재미있게 암기할 수 있도록 **단어 게임 수록**

- **여러 가지 문제를 풀면서 꼼꼼하게 확인 또 확인**

- **워크북으로** 쓰고 들으면서 꼼꼼하게 마무리

- 총 3권의 책을 통해 **900개 초등 기본 어휘**를 철저하게 암기

- 총3권, 각 권별 30 Day, 각 Day별 10개의 단어

- 하루에 부담 없이 10개의 단어만 암기하면 30일 후에는 300개, 3달 후에는 900개의 초등 필수 어휘를 모두 암기 UP!

구성 및 특징

단어와 이미지가 함께 머릿속에!!

- 이미지 연상법을 통한 재미있는 어휘 학습
- 보고, 듣고, 쓰면서 저절로 어휘 암기

✏️ 이미지 단어 암기 활용법

① 영어 단어와 우리말 뜻을 가리고, 그림이 표현하는
　 단어를 생각해 보세요.
② 우리말 뜻을 가리고 영어 단어의 뜻을 말해 보세요.
③ 단어를 들으며 따라 읽어 보세요.
④ 단어를 읽으면서 빈칸에 세 번 써 보세요.

패턴 연습으로 문장까지 쏙쏙 암기!!

- 단어 암기는 물론, 문장 암기는 덤
- 반복적인 패턴 연습으로 말하기까지 가능
- 문장을 통해 어휘의 쓰임도 파악

✏️ 패턴 연습 활용법

① 우리말 뜻을 확인하고 빈칸을 채워 보세요.
② 패턴의 확장 과정을 익혀 보세요.
③ 주어진 패턴 부분을 가린 후 우리말 뜻을 보고 암기해 보세요.
④ 주어진 패턴으로 활용할 수 있는 다른 문장을 생각해 보세요.

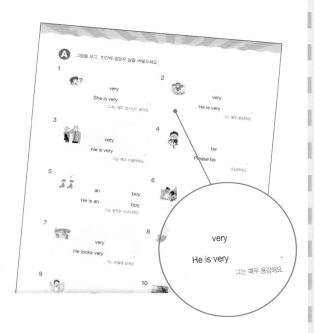

다양한 게임으로 공부와 재미를 한번에!!

- **B:** 두 가지 게임 유형이 번갈아 나와 흥미 유발
- **C:** 친구들이 좋아하는 크로스워드 퍼즐 게임

✏️ 게임 활동 활용법

① 시간제한을 두거나, "누가 누가 빨리하나" 경쟁하며
   풀어보게 하세요.
② 다 푼 교재는 단어장 카드로 만들어 활용하세요.
   900단어 암기 카드가 완성됩니다.

★ Word Connecting

① 그림을 보고, 흩어진 알파벳을 연결하여 그림에 딱 맞는
   단어를 찾아보세요.
② 주어진 첫 번째 알파벳과 마지막 알파벳을 이용해 그림
   에 맞는 단어를 알파벳 순서대로 연결해 보세요.

★ Word Scramble

① 그림을 보고, 주어진 알파벳을 순서대로 배열해 보세요.
② 주어진 알파벳과 똑같은 색깔의 동그라미를 찾아 한 칸
   에 하나씩 알파벳을 써 넣으면 하나의 단어를 완성할 수
   있어요.

★ Crossword Puzzle

① 그림과 주어진 첫 번째 알파벳을 이용해 단어를 찾아보
   세요.
② 왼쪽, 오른쪽, 위, 아래, 대각선으로 어디든지 뻗어 나갈
   수 있어요. 알파벳을 잘 살펴보며 단어를 연결해 보세요.

단어 고르기와 빈칸 채우기 문제로 또 복습!!

- D: 한글 문장을 읽고, 괄호 안의 알맞은 단어 고르기
- E: 주어진 단어를 활용해 질문에 답하거나, 빈칸 채우기

✏️ 단어 고르기 문항 활용법

① 각 문항의 한글 문장을 읽고, 영어 문장을 읽어 보세요.
② 영어 문장의 괄호 안에서 한글 문장에 맞는 단어를
   골라 ○표 하세요.
③ 10개의 문항을 모두 확인한 후, 다시 한 번 영어 문장을
   읽어 보세요.

✏️ 빈칸 채우기 문항 활용법

① 앞에서 학습한 10개의 단어가 오른쪽에 제시되어 있어요.
② 이 10개의 단어를 활용해, 주어진 질문에 자신의 생각을
   답하거나 빈칸을 채워 보세요.
③ 5개의 문항을 모두 확인한 후, 다시 한 번 영어 문장을
   읽어보세요.

워크북

쓰기 연습과 문제풀이로 마무리!!

① 따로 공책이 필요 없이 직접 쓰면서 암기하면
   절대 잊어버리지 않아요.
② 동의어, 반의어 찾기 문항과 음원을 듣고 받아쓰기
   문항으로 한 번 더 복습해요.

정답 및 MP3 음원 다운로드 : www.nexusbook.com

(contents)

책 뒤편에 워크북이 들어있어요.

학습 캘린더

암기한 단어를 체크하고,
빈칸에 알맞은 뜻을 써 보세요.

Day 01 ☆ 식당

- ☐ dish _____
- ☐ meat _____
- ☐ soup _____
- ☐ beef _____
- ☐ chicken _____
- ☐ sugar _____
- ☐ salt _____
- ☐ pepper _____
- ☐ waiter _____
- ☐ pay _____

Day 02 ☆ 시장

- ☐ market _____
- ☐ shop _____
- ☐ item _____
- ☐ choose _____
- ☐ price _____
- ☐ free _____
- ☐ cheap _____
- ☐ expensive _____
- ☐ buy _____
- ☐ sell _____

Day 03 ☆ 생일

- ☐ cake _____
- ☐ candle _____
- ☐ gift _____
- ☐ age _____
- ☐ invite _____
- ☐ visit _____
- ☐ bring _____
- ☐ surprise _____
- ☐ celebrate _____
- ☐ laugh _____

Day 04 ☆ 모양

- ☐ big _____
- ☐ small _____
- ☐ long _____
- ☐ short _____
- ☐ wide _____
- ☐ narrow _____
- ☐ same _____
- ☐ oval _____
- ☐ rectangle _____
- ☐ cylinder _____

Day 05 ☆ 생각

- ☐ correct _____
- ☐ wrong _____
- ☐ think _____
- ☐ guess _____
- ☐ forget _____
- ☐ remember _____
- ☐ plan _____
- ☐ hope _____
- ☐ dream _____
- ☐ know _____

Day 06 ☆ 건강

- ☐ sick _____
- ☐ hurt _____
- ☐ fever _____
- ☐ cough _____
- ☐ chest _____
- ☐ stomach _____
- ☐ heart _____
- ☐ medicine _____
- ☐ life _____
- ☐ die _____

Day 07 ⭐ 산

- [ ] wood _____
- [ ] rock _____
- [ ] hill _____
- [ ] pond _____
- [ ] storm _____
- [ ] lightning _____
- [ ] thunder _____
- [ ] rainbow _____
- [ ] fresh _____
- [ ] climb _____

Day 08 ⭐ 캠핑, 야영

- [ ] group _____
- [ ] map _____
- [ ] tent _____
- [ ] flashlight _____
- [ ] pot _____
- [ ] site _____
- [ ] grass _____
- [ ] enjoy _____
- [ ] leave _____
- [ ] arrive _____

Day 09 ⭐ 상태

- [ ] quick _____
- [ ] slow _____
- [ ] high _____
- [ ] low _____
- [ ] quiet _____
- [ ] noisy _____
- [ ] easy _____
- [ ] difficult _____
- [ ] dry _____
- [ ] wet _____

Day 10 ⭐ 일과

- [ ] wake _____
- [ ] exercise _____
- [ ] wash _____
- [ ] hurry _____
- [ ] say _____
- [ ] do _____
- [ ] drive _____
- [ ] get _____
- [ ] use _____
- [ ] sleep _____

Day 11 ⭐ 비행기

- [ ] pilot _____
- [ ] passenger _____
- [ ] crew _____
- [ ] seat _____
- [ ] passport _____
- [ ] ticket _____
- [ ] suitcase _____
- [ ] wing _____
- [ ] runway _____
- [ ] fly _____

Day 12 ⭐ 여행

- [ ] station _____
- [ ] snack _____
- [ ] game _____
- [ ] street _____
- [ ] bridge _____
- [ ] city _____
- [ ] country _____
- [ ] wait _____
- [ ] begin _____
- [ ] stay _____

Day 13 ⭐ 해변

- [ ] hat _____
- [ ] sunglasses _____
- [ ] sunscreen _____
- [ ] bottle _____
- [ ] sand _____
- [ ] ocean _____
- [ ] wave _____
- [ ] break _____
- [ ] lie _____
- [ ] swim _____

Day 14 ⭐ 성격

- [ ] curious _____
- [ ] brave _____
- [ ] shy _____
- [ ] careful _____
- [ ] honest _____
- [ ] polite _____
- [ ] kind _____
- [ ] funny _____
- [ ] smart _____
- [ ] foolish _____

Day 15 ⭐ 감각

- [ ] sense　_____
- [ ] excellent　_____
- [ ] emotion　_____
- [ ] sound　_____
- [ ] see　_____
- [ ] hear　_____
- [ ] smell　_____
- [ ] taste　_____
- [ ] feel　_____
- [ ] touch　_____

Day 16 ⭐ 운동장

- [ ] slide　_____
- [ ] swing　_____
- [ ] hide　_____
- [ ] find　_____
- [ ] jump　_____
- [ ] shout　_____
- [ ] throw　_____
- [ ] catch　_____
- [ ] hit　_____
- [ ] kick　_____

Day 17 ⭐ 공원

- [ ] picnic　_____
- [ ] bench　_____
- [ ] fountain　_____
- [ ] trash can　_____
- [ ] balloon　_____
- [ ] field　_____
- [ ] kid　_____
- [ ] run　_____
- [ ] smile　_____
- [ ] relax　_____

Day 18 ⭐ 운동

- [ ] gym　_____
- [ ] wrist　_____
- [ ] elbow　_____
- [ ] ankle　_____
- [ ] waist　_____
- [ ] jump rope　_____
- [ ] ready　_____
- [ ] turn　_____
- [ ] push　_____
- [ ] pull　_____

Day 19 ⭐ 시간

- [ ] early　_____
- [ ] late　_____
- [ ] noon　_____
- [ ] tonight　_____
- [ ] today　_____
- [ ] tomorrow　_____
- [ ] yesterday　_____
- [ ] past　_____
- [ ] present　_____
- [ ] future　_____

Day 20 ⭐ 방향

- [ ] left　_____
- [ ] right　_____
- [ ] straight　_____
- [ ] away　_____
- [ ] up　_____
- [ ] down　_____
- [ ] east　_____
- [ ] west　_____
- [ ] south　_____
- [ ] north　_____

Day 21 ⭐ 첫 번째의

- [ ] first　_____
- [ ] second　_____
- [ ] third　_____
- [ ] fourth　_____
- [ ] fifth　_____
- [ ] sixth　_____
- [ ] seventh　_____
- [ ] eighth　_____
- [ ] ninth　_____
- [ ] tenth　_____

Day 22 ⭐ 애완동물

- [ ] fur　_____
- [ ] tail　_____
- [ ] beak　_____
- [ ] fin　_____
- [ ] home　_____
- [ ] special　_____
- [ ] cute　_____
- [ ] want　_____
- [ ] keep　_____
- [ ] feed　_____

Day 23 ⭐ 대화

- ☐ problem _____
- ☐ communicate _____
- ☐ both _____
- ☐ give _____
- ☐ take _____
- ☐ agree _____
- ☐ change _____
- ☐ fight _____
- ☐ phone _____
- ☐ talk _____

Day 24 ⭐ 우편

- ☐ name _____
- ☐ address _____
- ☐ stamp _____
- ☐ mail _____
- ☐ letter _____
- ☐ parcel _____
- ☐ pack _____
- ☐ send _____
- ☐ deliver _____
- ☐ receive _____

Day 25 ⭐ 수업

- ☐ idea _____
- ☐ word _____
- ☐ sentence _____
- ☐ story _____
- ☐ ask _____
- ☐ answer _____
- ☐ spell _____
- ☐ repeat _____
- ☐ practice _____
- ☐ understand _____

Day 26 ⭐ 은행

- ☐ downtown _____
- ☐ money _____
- ☐ gold _____
- ☐ silver _____
- ☐ rich _____
- ☐ poor _____
- ☐ count _____
- ☐ exchange _____
- ☐ borrow _____
- ☐ save _____

Day 27 ⭐ 행사

- ☐ card _____
- ☐ party _____
- ☐ birthday _____
- ☐ anniversary _____
- ☐ concert _____
- ☐ festival _____
- ☐ show _____
- ☐ welcome _____
- ☐ marry _____
- ☐ please _____

Day 28 ⭐ 수량

- ☐ all _____
- ☐ most _____
- ☐ many _____
- ☐ much _____
- ☐ few _____
- ☐ little _____
- ☐ half _____
- ☐ enough _____
- ☐ empty _____
- ☐ fill _____

Day 29 ⭐ 빈도

- ☐ always _____
- ☐ usually _____
- ☐ often _____
- ☐ sometimes _____
- ☐ who _____
- ☐ when _____
- ☐ where _____
- ☐ what _____
- ☐ how _____
- ☐ why _____

Day 30 ⭐ 행동

- ☐ build _____
- ☐ cover _____
- ☐ cross _____
- ☐ excuse _____
- ☐ join _____
- ☐ need _____
- ☐ spend _____
- ☐ mean _____
- ☐ win _____
- ☐ lose _____

 # Restaurant 식당

 듣고 따라하는 원어민 발음

 그림을 보며 단어를 익힌 후, 빈칸에 단어를 따라 써 보세요. 🎧01

dish
요리, 접시

dish

meat
고기

meat

soup
수프

soup

beef
소고기

beef

chicken
닭고기, 닭

chicken

sugar
설탕

sugar

salt
소금

salt

pepper
후추

pepper

waiter
종업원, 웨이터
= waitress (여자)

waiter

pay
지불하다

pay

9

그림을 보고, 빈칸에 알맞은 말을 써넣으세요.

1

a delicious

She ordered a delicious _____ .

그녀는 맛있는 요리를 주문했어요.

2

like

I like _____ .

나는 고기를 좋아해요.

3

chicken

I like chicken _____ .

나는 닭고기 수프를 좋아해요.

4

like

Do you like _____ ?

너는 소고기를 좋아하니?

5

eat

I eat _____ .

나는 닭고기를 먹어요.

6

Pass me the

Pass me the _____ , please.

저에게 설탕을 주세요.

7

Pass me the

Pass me the _____ , please.

저에게 소금을 주세요.

8

Pass me the

Pass me the _____ , please.

저에게 후추를 주세요.

9

The _____ is serving

The _____ is serving a dish.

종업원이 요리를 내오고 있어요.

10

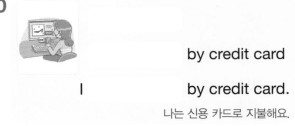

_____ by credit card

I _____ by credit card.

나는 신용 카드로 지불해요.

B 그림에 해당하는 낱말을 바르게 쓰고, ○안에 알맞은 알파벳을 쓰세요.

1

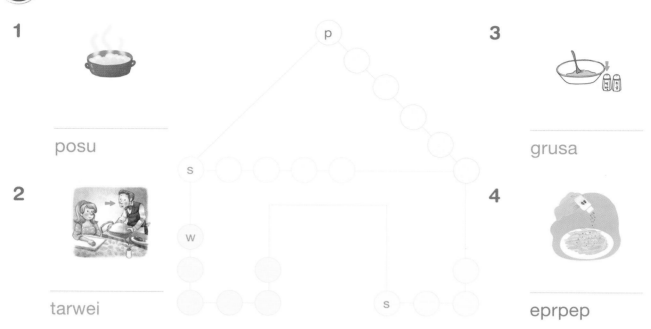

posu

2

tarwei

3

grusa

4

eprpep

C 그림에 알맞은 낱말을 퍼즐에서 찾아 ○표 하고, 해당하는 그림과 연결하세요.

3

c

4

s

1

d

2

p

r	e	d	w	m	l	f	w	o	r
c	h	i	c	k	e	n	p	a	a
v	t	s	x	d	q	a	l	u	r
i	z	h	r	n	m	a	t	f	e
r	m	j	w	a	c	o	p	a	p
d	g	l	v	t	f	s	a	t	o
a	s	t	r	o	t	l	a	s	f
h	s	p	l	m	i	y	u	q	e
q	a	x	q	e	w	t	o	h	e
y	c	s	w	w	c	v	r	j	b

5

m

6

b

문장을 읽고, 알맞은 단어에 ○표 하세요.

1 I added some (salt / pepper) to the steak.

나는 스테이크에 후추를 조금 뿌렸어요.

2 The (waiter / chicken) brought us a menu.

웨이터는 우리에게 메뉴판을 가져다주었어요.

3 Tom had a potato (soup / dish) for lunch.

톰은 점심으로 감자 요리를 먹었어요.

4 I love (meat / chicken) more than fish.

나는 생선보다 육류를 좋아해요.

5 The (beef / soup) tastes good.

그 수프는 맛있어요.

6 She put some (sugar / salt) in her tea.

그녀는 차에 설탕을 조금 넣었어요.

7 Please pass me the (pepper / salt).

소금 좀 건네주세요.

8 I grilled (beef / chicken).

나는 소고기를 구웠어요.

9 Fried (meat / chicken) is my favorite food.

닭튀김은 내가 가장 좋아하는 음식이에요.

10 I usually (pay / dish) in cash.

나는 주로 현금으로 계산해요.

E 주어진 단어를 활용해 문장을 완성해 보세요.

I put _____ in most dishes.

음식에 맛을 더하기 위해서 무엇을 사용하나요?

I can make _____ with potatoes.

감자로 만들 수 있는 요리는 무엇이 있을까요?

A _____ brings food to the table.

식당에서는 누가 음식을 가져다주나요?

I like _____ dishes most.

가장 좋아하는 요리는 무엇인가요?

We _____ for our meals.

식당에서 음식을 다 먹은 후에 하는 일은 무엇인가요?

★ **Restaurant** ★

- dish
- meat
- soup
- beef
- chicken
- sugar
- salt
- pepper
- waiter
- pay

 Market 시장

듣고 따라하는
원어민 발음

⭐ 그림을 보며 단어를 익힌 후, 빈칸에 단어를 따라 써 보세요. 🎧02

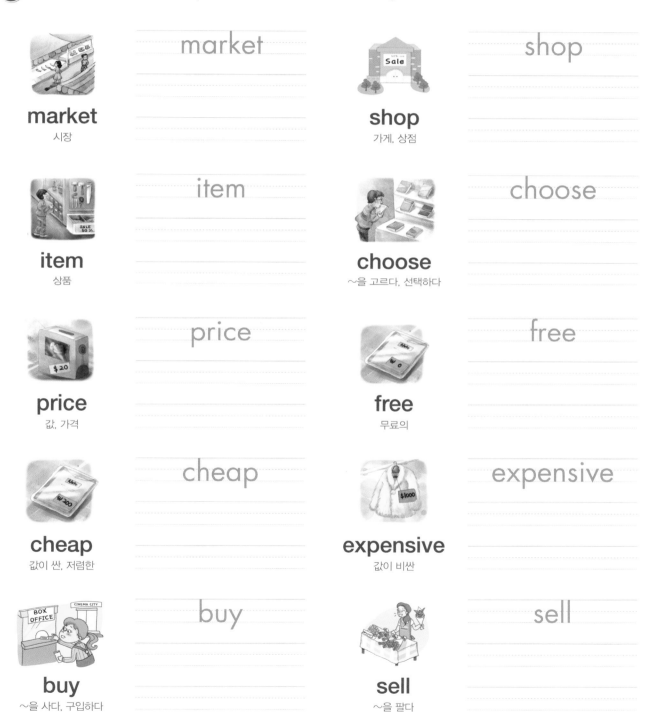

market
시장

market

shop
가게, 상점

shop

item
상품

item

choose
~을 고르다, 선택하다

choose

price
값, 가격

price

free
무료의

free

cheap
값이 싼, 저렴한

cheap

expensive
값이 비싼

expensive

buy
~을 사다, 구입하다

buy

sell
~을 팔다

sell

13

A 그림을 보고, 빈칸에 알맞은 말을 써넣으세요.

1

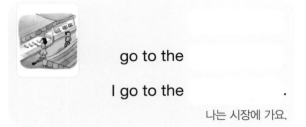

go to the

I go to the _____.

나는 시장에 가요.

2

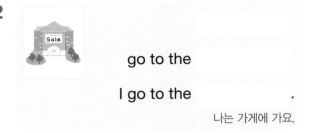

go to the

I go to the _____.

나는 가게에 가요.

3

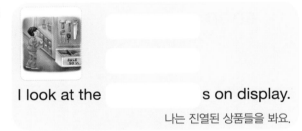

I look at the _____s on display.

나는 진열된 상품들을 봐요.

4

a book

I _____ a book.

나는 책을 골라요.

5

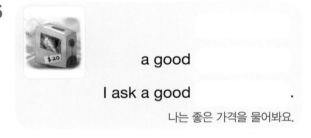

a good

I ask a good _____.

나는 좋은 가격을 물어봐요.

6

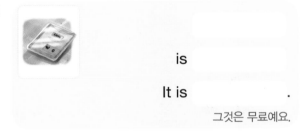

is

It is _____.

그것은 무료예요.

7

very

It is very _____.

그것은 매우 싸요.

8

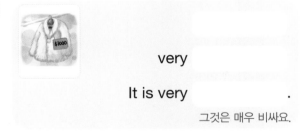

very

It is very _____.

그것은 매우 비싸요.

9

tickets

I _____ tickets.

나는 표를 사요.

10

flowers

I _____ flowers.

나는 꽃을 팔아요.

B 그림을 보고, 알파벳을 연결하여 낱말을 완성한 후 빈칸에 써넣으세요.

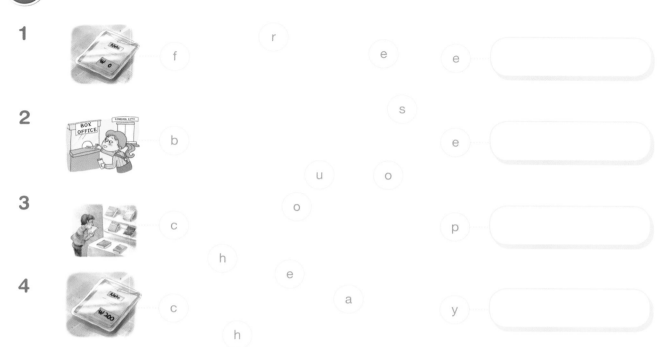

1

2

3

4

C 그림에 알맞은 낱말을 퍼즐에서 찾아 ○표 하고, 해당하는 그림과 연결하세요.

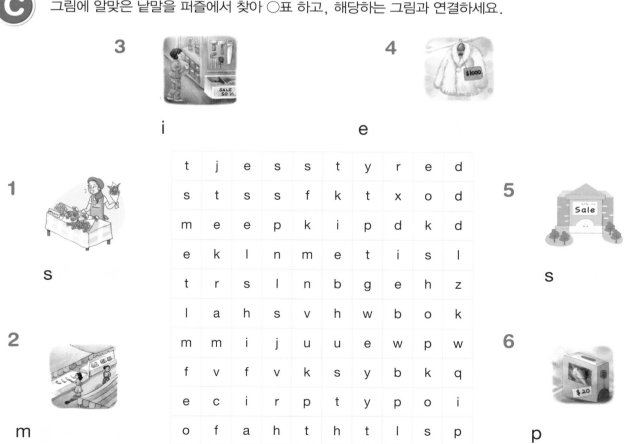

3 i

4 e

1 s

2 m

t	j	e	s	s	t	y	r	e	d
s	t	s	s	f	k	t	x	o	d
m	e	e	p	k	i	p	d	k	d
e	k	l	n	m	e	t	i	s	l
t	r	s	l	n	b	g	e	h	z
l	a	h	s	v	h	w	b	o	k
m	m	i	j	u	u	e	w	p	w
f	v	f	v	k	s	y	b	k	q
e	c	i	r	p	t	y	p	o	i
o	f	a	h	t	h	t	l	s	p

5 s

6 p

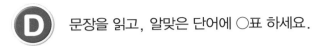

D 문장을 읽고, 알맞은 단어에 ○표 하세요.

1 Mother (buys / sells) things with her credit card.

어머니는 신용 카드로 물건을 사요.

2 There are many (shops / prices) downtown.

시내에는 가게들이 많이 있어요.

3 I can (sell / choose) many clothes at this store.

나는 이 가게에서 많은 옷을 고를 수 있어요.

4 Some (items / prices) are on sale.

어떤 물건들은 세일을 해요.

5 The store (sells / buys) toys.

그 가게는 장난감을 팔아요.

6 The necktie is very (cheap / expensive).

그 넥타이는 매우 비싸요.

7 This store is giving out (free / expensive) gifts.

이 가게에서 무료 선물을 나눠줘요.

8 The (price / shop) of that book is a little high.

저 책의 가격은 조금 비싸요.

9 We had (cheap / expensive) meals for lunch.

우리는 점심으로 저렴한 식사를 했어요.

10 I went to the (price / market) this evening.

나는 오늘 저녁에 시장에 갔어요.

 주어진 단어를 활용해 문장을 완성해 보세요.

_____ is important.

물건을 살 때 중요한 것은 무엇인가요?

I _____ gifts for my parents.

부모님의 생일에 무엇을 하나요?

People _____ and buy things.

시장에서는 어떤 일들이 일어나나요?

I choose _____ things.

어떤 물건을 주로 선택하나요?

Stores sell a lot of _____.

가게는 어떤 곳인가요?

★ **Market** ★
• market
• shop
• item
• choose
• price
• free
• cheap
• expensive
• buy
• sell

DAY 03

Birthday 생일

듣고 따라하는
원어민 발음

 그림을 보며 단어를 익힌 후, 빈칸에 단어를 따라 써 보세요. 🎧03

DAY 03

 cake

cake
케이크

 candle

candle
초

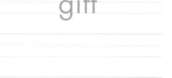 gift

gift
선물
= present

 age

age
나이

 invite

invite
~을 초대하다

 visit

visit
방문하다

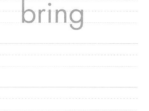 bring

bring
~을 가져오다

 surprise

surprise
놀라게 하다, 놀람

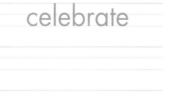 celebrate

celebrate
축하하다, 기념하다

 laugh

laugh
웃다

17

A 그림을 보고, 빈칸에 알맞은 말을 써넣으세요.

1

like

Do you like   ?

너는 케이크를 좋아하니?

2

the

I blow out the   .

나는 촛불을 꺼요.

3

buy a

I will buy a   .

나는 선물을 살 거예요.

4

the same

We are the same   .

우리는 나이가 같아 동갑이에요.

5

my friends

I will   my friends.

나는 친구들을 초대할 거예요.

6

my parents

I   my parents.

나는 부모님을 방문해요.

7

coffee to him

She   s coffee to him.

그녀가 그에게 커피를 가져다줘요.

8

be   d

She is   d.

그녀는 깜짝 놀랐어요.

9

my birthday

My friends   my birthday.

친구들이 내 생일을 축하해요.

10

are   ing

Two boys are   ing.

두 소년이 웃고 있어요.

B 그림에 해당하는 낱말을 바르게 쓰고, ○안에 알맞은 알파벳을 쓰세요.

1

rgbin

2

eag

3

treecbael

4

adecnl

C 그림에 알맞은 낱말을 퍼즐에서 찾아 ○표 하고, 해당하는 그림과 연결하세요.

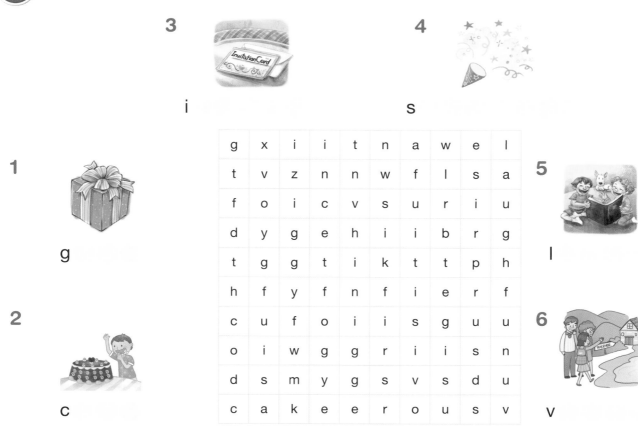

3

i

4

s

1

g

2

c

5

l

6

v

g	x	i	i	t	n	a	w	e	l
t	v	z	n	n	w	f	l	s	a
f	o	i	c	v	s	u	r	i	u
d	y	g	e	h	i	i	b	r	g
t	g	g	t	i	k	t	t	p	h
h	f	y	f	n	f	i	e	r	f
c	u	f	o	i	i	s	g	u	u
o	i	w	g	g	r	i	i	s	n
d	s	m	y	g	s	v	s	d	u
c	a	k	e	e	r	o	u	s	v

D 문장을 읽고, 알맞은 단어에 ○표 하세요.

1 I (invited / laughed) my friends to the party.

나는 파티에 내 친구들을 초대했어요.

2 Can you (bring / visit) some snacks?

스낵 좀 가져다 주시겠어요?

3 I got lots of (gifts / surprise) on my birthday.

나는 내 생일에 많은 선물을 받았어요.

4 We will (celebrate / laugh) her birthday tomorrow.

우리는 내일 그녀의 생일을 축하할 거예요.

5 Sandy (surprised / visited) me yesterday.

샌디는 어제 나를 방문했어요.

6 When he went in, we shouted, "(laugh / Surprise)!"

그가 들어가자 우리는 '놀랐지!'라고 외쳤다.

7 I put some (ages / candles) on the cake.

나는 케이크에 초를 꽂았어요.

8 They (laughed / surprised) loudly at my joke.

그들은 나의 농담에 크게 웃었어요.

9 What is your (age / birthday)?

당신의 나이가 어떻게 되나요?

10 We bought a (gift / cake) for my grandfather.

우리는 할아버지를 위해 케이크를 샀어요.

 E 주어진 단어를 활용해 문장을 완성해 보세요.

I _____ my friends to my birthday party.

생일 전에 무엇을 하나요?

I planned a _____ party for a friend.

친구의 생일을 위해 무엇을 했나요?

I made a birthday _____ myself.

부모님의 생일 때 무엇을 했나요?

I buy _____ for them.

다른 사람의 생일 때 구입하는 것은 무엇인가요?

There were 12 _____ on my cake.

가장 최근의 생일 때 케이크 위의 초의 개수는 몇 개였나요?

★ **Birthday** ★
- cake
- candle
- gift
- age
- invite
- visit
- bring
- surprise
- celebrate
- laugh

DAY 04 Shapes 모양

듣고 따라하는
원어민 발음

⭐ 그림을 보며 단어를 익힌 후, 빈칸에 단어를 따라 써 보세요. 🎧04

DAY 04

big
큰

big

small
작은

small

long
긴

long

short
짧은, 키가 작은

short

wide
넓은, 폭이 넓은

wide

narrow
좁은, 폭이 좁은

narrow

same
같은

same

oval
타원형의, 타원형

oval

rectangle
직사각형

rectangle

cylinder
원통, 원기둥

cylinder

21

그림을 보고, 빈칸에 알맞은 말을 써넣으세요.

1

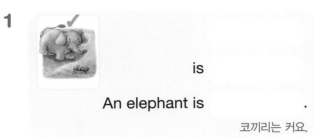

is

An elephant is ____.

코끼리는 커요.

2

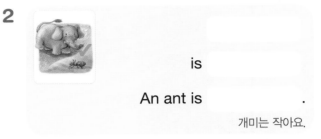

is

An ant is ____.

개미는 작아요.

3

a ____ ruler

It is a ____ ruler.

이것은 긴 자예요.

4

a ____ ruler

It is a ____ ruler.

이것은 짧은 자예요.

5

is

The road is ____.

길이 넓어요.

6

is

The road is ____.

길이 좁아요.

7

the ____ uniforms

We wear the ____ uniforms.

우리는 같은 유니폼을 입어요.

8

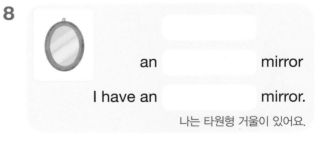

an ____ mirror

I have an ____ mirror.

나는 타원형 거울이 있어요.

9

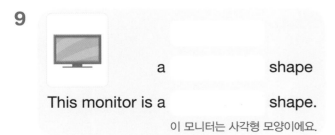

a ____ shape

This monitor is a ____ shape.

이 모니터는 사각형 모양이에요.

10

____ shapes

This bottles are ____ shapes.

이 병들은 원기둥 모양이에요.

22

B 그림을 보고, 알파벳을 연결하여 낱말을 완성한 후 빈칸에 써넣으세요.

1

2

3

4

C 그림에 알맞은 낱말을 퍼즐에서 찾아 ○표 하고, 해당하는 그림과 연결하세요.

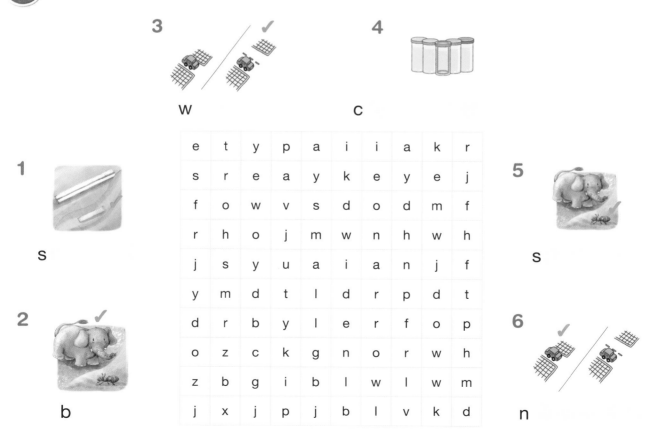

3   4

w   c

1   s

2   b

e	t	y	p	a	i	i	a	k	r
s	r	e	a	y	k	e	y	e	j
f	o	w	v	s	d	o	d	m	f
r	h	o	j	m	w	n	h	w	h
j	s	y	u	a	i	a	n	j	f
y	m	d	t	l	d	r	p	d	t
d	r	b	y	l	e	r	f	o	p
o	z	c	k	g	n	o	r	w	h
z	b	g	i	b	l	w	l	w	m
j	x	j	p	j	b	l	v	k	d

5   s

6   n

D 문장을 읽고, 알맞은 단어에 ○표 하세요.

1   These pants are a little (short / long).

이 바지는 조금 짧아요.

2   I have a (big / small) dog.

나는 작은 개가 있어요.

3   There is a (long / same) bridge over the river.

강 위에 긴 다리가 있어요.

4   The plate is an (rectangle / oval) shape.

그 접시는 타원형이에요.

5   A (rectangle / oval) has four points.

사각형은 꼭짓점이 4개 있어요.

6   The vase is a (narrow / cylinder) shape.

꽃병은 원기둥 모양을 하고 있어요.

7   Tim and I are the (same / wide) size.

팀과 나는 몸집이 같아요.

8   We walked along the (wide / narrow) road.

우리는 좁은 길을 따라 걸었어요.

9   This river is very (big / wide).

이 강은 매우 넓어요.

10 Terry ordered a (big / small) pizza.

테리는 큰 피자를 주문했어요.

E 주어진 단어를 활용해 문장을 완성해 보세요.

My school is very _____.

우리 학교는 크기가 어떤가요?

Trains are very _____.

기차는 길이가 어떤가요?

The roads are _____.

우리 집 근처의 도로의 폭은 어떤가요?

I want to have a(n) _____ face.

갖고 싶은 얼굴형이 있나요?

My pencil case is a _____ shape.

어떤 모양의 필통을 가지고 있나요?

★ **Shapes** ★

• big
• small
• long
• short
• same
• narrow
• wide
• oval
• rectangle
• cylinder

24

Idea 생각

듣고 따라하는
원어민 발음

⭐ 그림을 보며 단어를 익힌 후, 빈칸에 단어를 따라 써 보세요. 🎧05

correct
올바른, 옳은

 correct

wrong
틀린, 잘못된

wrong

think
~을 생각하다

think

guess
추측하다

guess

forget
~을 잊다

forget

remember
~을 기억하다

remember

plan
계획, 계획하다

plan

hope
희망, ~을 바라다

hope

dream
꿈, 희망, 꿈꾸다

dream

know
~을 알다

know

25

A 그림을 보고, 빈칸에 알맞은 말을 써넣으세요.

1

is

Your answer is ____ .

당신의 답은 맞아요.

2

are

You are ____ .

당신은 틀렸어요.

3

____ about him

I ____ about him.

나는 그에 대해 생각해요.

4

____ the answer

Can you ____ the answer?

답을 추측할 수 있겠니?

5

don't

Don't ____ your umbrella.

우산을 잊지 마.

6

will ____ you

I will ____ you.

나는 당신을 기억할 거예요.

7

make ____ s

I make ____ s for vacation.

나는 방학 계획을 세워요.

8

____ to see

I ____ to see you.

나는 당신을 만나기를 바라요.

9

____ your

What is your ____ ?

당신의 꿈은 무엇인가요?

10

____ the answer

I ____ the answer.

나는 답을 알아요.

B 그림에 해당하는 낱말을 바르게 쓰고, ○안에 알맞은 알파벳을 쓰세요.

1

brmeeerm

2

medar

3

rfteog

4

npal

C 그림에 알맞은 낱말을 퍼즐에서 찾아 ○표 하고, 해당하는 그림과 연결하세요.

3

t

4

c

1

h

2

w

5

k

6

g

l	t	g	n	z	t	g	v	m	d
i	v	h	l	o	d	f	m	h	o
f	h	l	i	y	f	n	n	f	x
h	i	a	w	n	l	x	u	s	t
l	s	g	s	e	k	u	k	c	w
k	b	c	p	q	x	v	e	i	o
n	u	o	q	t	x	r	d	n	n
n	h	c	x	q	r	t	i	a	k
c	d	w	r	o	n	g	m	z	v
y	a	s	c	g	s	s	e	u	g

문장을 읽고, 알맞은 단어에 ○표 하세요.

1   I am (thinking / planning) about the concert.

나는 그 콘서트에 대해 생각하고 있어요.

2   He (plans / dreams) of becoming a scientist.

그는 과학자가 되는 꿈을 꾸고 있어요.

3   Your answer is (correct / wrong).

당신의 답은 맞아요.

4   I have (plans / hopes) for the summer vacation.

나는 여름 방학 계획이 있어요.

5   You have the (right / wrong) address.

당신은 잘못된 주소를 가지고 있어요.

6   He is (hoping / guessing) for first prize.

그는 1등 상을 바라고 있어요.

7   I (hoped / guessed) that Mark was your brother.

나는 마크가 당신의 동생일 거라고 추측했어요.

8   He doesn't (remember / forget) my name.

그는 내 이름을 기억하지 못해요.

9   Don't (remember / forget) to buy juice.

주스 사오는 것을 잊지 말아요.

10 Do you (know / guess) my name?

내 이름을 알고 있나요?

E   주어진 단어를 활용해 문장을 완성해 보세요.

I wrote the _____ answer.

나는 틀린 답을 적었어요.

I always _____ my parents' birthdays.

나는 언제나 부모님의 생일을 기억해요.

I have a _____ this weekend.

나는 이번 주말에 계획이 있어요.

I _____ I can speak English well.

나는 영어로 잘 말할 수 있기를 바라요.

I sometimes have a scary _____.

나는 종종 무서운 꿈을 꾸어요.

★ Idea ★
• correct
• wrong
• think
• guess
• forget
• remember
• plan
• hope
• dream
• know

Health 건강

듣고 따라하는
원어민 발음

 그림을 보며 단어를 익힌 후, 빈칸에 단어를 따라 써 보세요. 🎧06

sick
병이 난, 아픈

sick

hurt
아프다, 다치다

hurt

fever
열

fever

cough
기침

cough

chest
가슴

chest

stomach
위

stomach

heart
심장

heart

medicine
약

medicine

life
삶, 생명

life

die
죽다

die

그림을 보고, 빈칸에 알맞은 말을 써넣으세요.

1

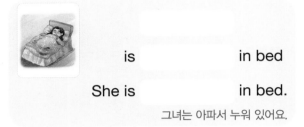

_____ is _____ in bed

She is _____ in bed.

그녀는 아파서 누워 있어요.

2

_____ my foot

I _____ my foot.

나는 발을 다쳤어요.

3

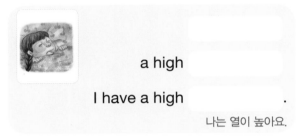

_____ a high _____

I have a high _____.

나는 열이 높아요.

4

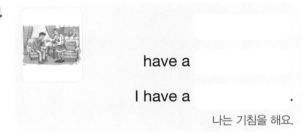

_____ have a _____

I have a _____.

나는 기침을 해요.

5

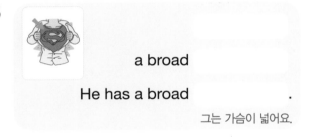

_____ a broad _____

He has a broad _____.

그는 가슴이 넓어요.

6

_____ ache.

_____ have a _____ ache.

I have a _____ ache.

나의 배가 아파요.

7

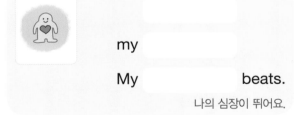

_____ my _____

My _____ beats.

나의 심장이 뛰어요.

8

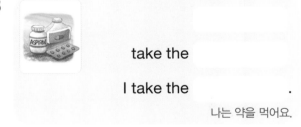

_____ take the _____

I take the _____.

나는 약을 먹어요.

9

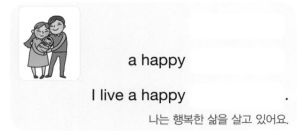

_____ a happy _____

I live a happy _____.

나는 행복한 삶을 살고 있어요.

10

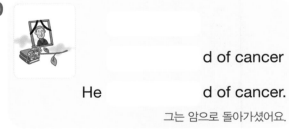

_____ d of cancer

He _____ d of cancer.

그는 암으로 돌아가셨어요.

B 그림을 보고, 알파벳을 연결하여 낱말을 완성한 후 빈칸에 써넣으세요.

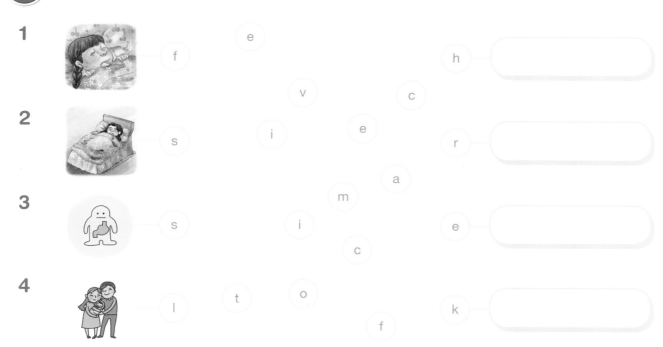

1 f e h

2 s i e v c r

3 s i m e a c

4 l t o k f

C 그림에 알맞은 낱말을 퍼즐에서 찾아 ○표 하고, 해당하는 그림과 연결하세요.

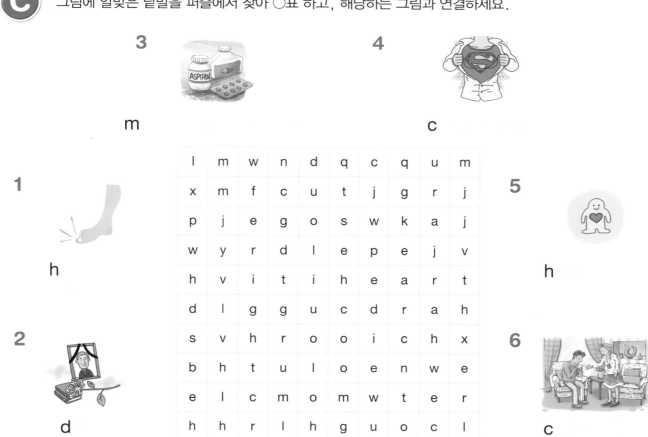

3 m

4 c

1 h

2 d

l	m	w	n	d	q	c	q	u	m
x	m	f	c	u	t	j	g	r	j
p	j	e	g	o	s	w	k	a	j
w	y	r	d	l	e	p	e	j	v
h	v	i	t	i	h	e	a	r	t
d	l	g	g	u	c	d	r	a	h
s	v	h	r	o	o	i	c	h	x
b	h	t	u	l	o	e	n	w	e
e	l	c	m	o	m	w	t	e	r
h	h	r	l	h	g	u	o	c	l

5 h

6 c

D 문장을 읽고, 알맞은 단어에 ○표 하세요.

1 The seatbelt will save your (life / die).

안전벨트는 여러분의 목숨을 구할 거예요.

2 My cat is (sick / life).

우리 고양이는 아파요.

3 My brother took some (cough / medicine).

내 남동생은 약을 먹었어요.

4 My leg (dies / hurts).

내 다리가 아파요.

5 My cat (died / hurt) of illness.

내 고양이는 병으로 죽었어요.

6 I have a pain in my (chest / stomach).

나는 가슴에 통증이 있어요.

7 She has some problems with her (stomach / heart).

그녀는 위장에 문제가 있어요.

8 I have a (sick / fever) and a headache.

나는 열과 두통이 있어요.

9 He has a runny nose and a (chest / cough).

그는 콧물도 나고 기침도 해요.

10 My sister has a weak (heart / fever).

우리 언니는 심장이 약해요.

E 주어진 단어를 활용해 문장을 완성해 보세요.

I go to the hospital when I'm _____.

병원에는 언제 가나요?

I have a fever and _____ a lot.

감기에 걸리면 어떤 일이 생기나요?

I can buy _____ at a drugstore.

약국에 가면 무엇을 살 수 있나요?

They save my _____.

안전벨트를 매거나 헬멧을 착용하는 이유는 무엇인가요?

I have a pain in my _____.

잘못된 음식을 먹으면 무슨 일이 생기나요?

★ **Health** ★
- sick
- hurt
- fever
- cough
- chest
- stomach
- heart
- medicine
- life
- die

Mountain 산

듣고 따라하는
원어민 발음

⭐ 그림을 보며 단어를 익힌 후, 빈칸에 단어를 따라 써 보세요. 🎧07

wood
나무, 목재

wood

rock
돌, 바위

rock

hill
언덕

hill

pond
연못

pond

storm
폭풍, 폭풍우

storm

lightning
번개

lightning

thunder
천둥

thunder

rainbow
무지개

rainbow

fresh
신선한

fresh

climb
오르다

climb

그림을 보고, 빈칸에 알맞은 말을 써넣으세요.

1

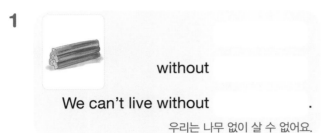

without

We can't live without _____ .

우리는 나무 없이 살 수 없어요.

2

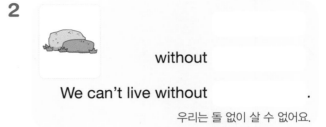

without

We can't live without _____ .

우리는 돌 없이 살 수 없어요.

3

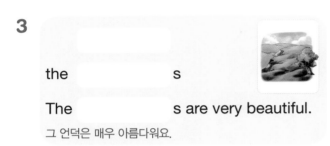

the _____ s

The _____ s are very beautiful.

그 언덕은 매우 아름다워요.

4

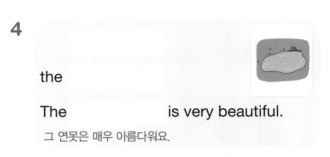

the _____

The _____ is very beautiful.

그 연못은 매우 아름다워요.

5

am afraid of _____ s

I am afraid of _____ s.

나는 폭풍이 무서워요.

6

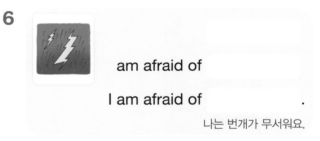

am afraid of _____

I am afraid of _____ .

나는 번개가 무서워요.

7

am afraid of _____

I am afraid of _____ .

나는 천둥이 무서워요.

8

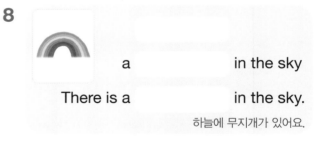

a _____ in the sky

There is a _____ in the sky.

하늘에 무지개가 있어요.

9

enjoy _____ air

I enjoy _____ air.

나는 신선한 공기를 즐겨요.

10

_____ mountains

I _____ mountains.

나는 산을 올라요.

B 그림에 해당하는 낱말을 바르게 쓰고, ○안에 알맞은 알파벳을 쓰세요.

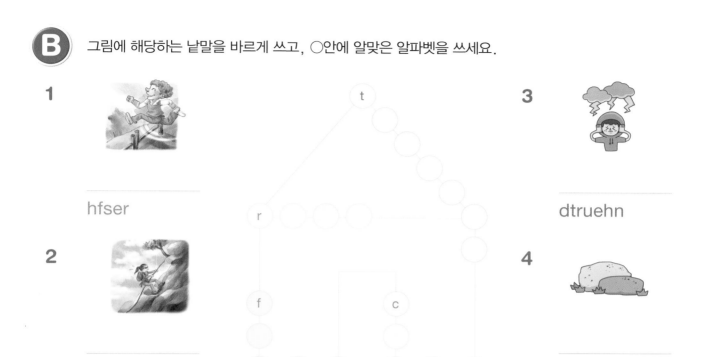

1 hfser

2 blcmi

3 dtruehn

4 korc

C 그림에 알맞은 낱말을 퍼즐에서 찾아 ○표 하고, 해당하는 그림과 연결하세요.

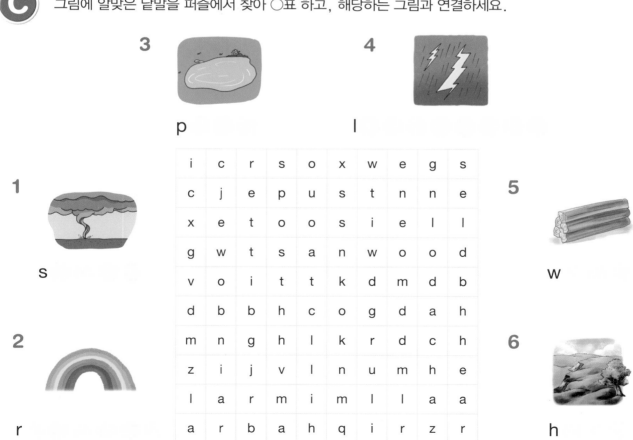

3 p

4 l

1 s

2 r

5 w

6 h

i	c	r	s	o	x	w	e	g	s
c	j	e	p	u	s	t	n	n	e
x	e	t	o	o	s	i	e	l	l
g	w	t	s	a	n	w	o	o	d
v	o	i	t	t	k	d	m	d	b
d	b	b	h	c	o	g	d	a	h
m	n	g	h	l	k	r	d	c	h
z	i	j	v	l	n	u	m	h	e
l	a	r	m	i	m	l	l	a	a
a	r	b	a	h	q	i	r	z	r

문장을 읽고, 알맞은 단어에 ○표 하세요.

1 A rabbit is sitting on a (rock / wood).　　　　토끼 한 마리가 바위 위에 앉아 있어요.

2 Some fish are swimming in the (pond / hill).　　물고기 몇 마리가 연못에서 헤엄을 치고 있어요.

3 He wants to (rainbow / climb) up the tree.　　그는 그 나무를 오르고 싶어 해요.

4 I heard a loud sound of (thunder / storm).　　나는 시끄러운 천둥소리를 들었어요.

5 We made a fire with (rock / wood).　　　　　우리는 나무로 불을 피웠어요.

6 They are preparing for the (storm / lightning).　　그들은 폭풍우에 대비하고 있어요.

7 I saw a flash of (fresh / lightning) in the sky.　　나는 하늘에서 번개를 보았어요.

8 Look! There's a (pond / rainbow) in the sky!　　보세요! 하늘에 무지개가 있어요!

9 The children are running up the (hill / thunder).　　아이들이 언덕 위로 달려가고 있어요.

10 I ate some (climb / fresh) bread.　　　　　나는 신선한 빵을 조금 먹었어요.

 주어진 단어를 활용해 문장을 완성해 보세요.

I'm afraid of _____.
무서워하는 자연 현상이 있나요?

I can see a _____ in the sky.
비가 갠 후 하늘에 가끔 보이는 것은 무엇인가요?

I can enjoy _____ air.
등산을 할 때 산의 공기가 어떤가요?

I can see rocks and _____.
산에서 무엇을 볼 수 있나요?

I want to see _____.
보고 싶은 자연 현상이 있나요?

★ Mountain ★

• wood
• rock
• hill
• pond
• storm
• lightning
• thunder
• rainbow
• fresh
• climb

Camping 캠핑, 야영

듣고 따라하는
원어민 발음

⭐ 그림을 보며 단어를 익힌 후, 빈칸에 단어를 따라 써 보세요. 🎧08

group
집단, 무리

group

map
지도

map

tent
텐트

tent

flashlight
손전등

flashlight

pot
냄비

pot

site
장소

site

grass
잔디, 풀

grass

enjoy
~을 즐기다

enjoy

leave
떠나다

leave

arrive
도착하다

arrive

A 그림을 보고, 빈칸에 알맞은 말을 써넣으세요.

1

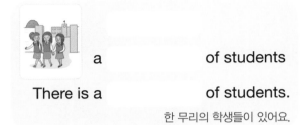

a _____ of students

There is a _____ of students.

한 무리의 학생들이 있어요.

2

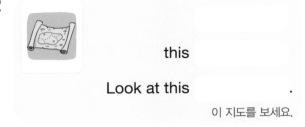

this _____

Look at this _____.

이 지도를 보세요.

3

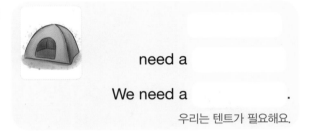

need a _____

We need a _____.

우리는 텐트가 필요해요.

4

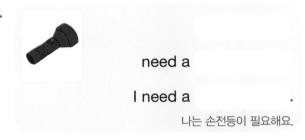

need a _____

I need a _____.

나는 손전등이 필요해요.

5

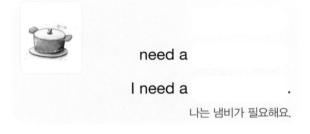

need a _____

I need a _____.

나는 냄비가 필요해요.

6

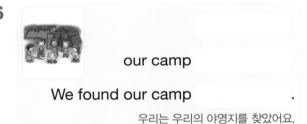

_____ our camp

We found our camp _____.

우리는 우리의 야영지를 찾았어요.

7

on the _____

I play on the _____.

나는 잔디에서 놀아요.

8

_____ the party

We _____ the party.

우리는 파티를 즐겨요.

9

_____s the station

The train _____s the station.

기차가 역을 떠나요.

10

_____s at the station

The train _____s at the station.

기차가 역에 도착해요.

B 그림을 보고, 알파벳을 연결하여 낱말을 완성한 후 빈칸에 써넣으세요.

1   g   a   s   e

2   m   r   a   v   s

3   a   o   r   i   p

4   p   r   t

C 그림에 알맞은 낱말을 퍼즐에서 찾아 ○표 하고, 해당하는 그림과 연결하세요.

3   g

4   f

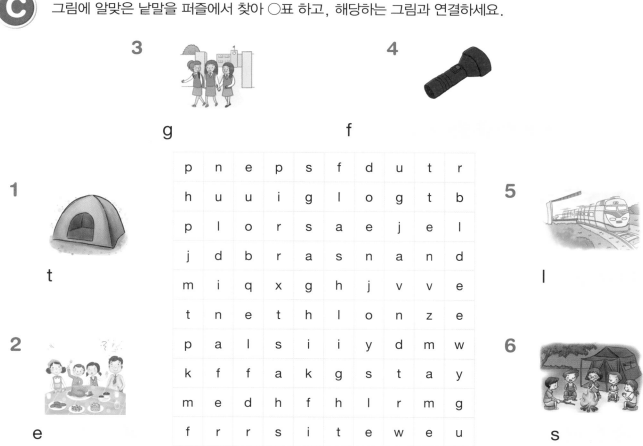

p	n	e	p	s	f	d	u	t	r
h	u	u	i	g	l	o	g	t	b
p	l	o	r	s	a	e	j	e	l
j	d	b	r	a	s	n	a	n	d
m	i	q	x	g	h	j	v	v	e
t	n	e	t	h	l	o	n	z	e
p	a	l	s	i	i	y	d	m	w
k	f	f	a	k	g	s	t	a	y
m	e	d	h	f	h	l	r	m	g
f	r	r	s	i	t	e	w	e	u

1   t

2   e

5   l

6   s

D 문장을 읽고, 알맞은 단어에 ○표 하세요.

1   We visited the (site / pot) of our future house.

우리는 우리의 미래의 집터를 가봤어요.

2   I (enjoy / arrive) at home at 5 after school.

나는 방과 후 5시에 집에 도착해요.

3   There is a beautiful rose among the (grass / map).

풀 사이에 아름다운 장미 한 송이가 있어요.

4   She put a (group / pot) on the fire.

그녀는 불 위에 냄비를 올려놓았어요.

5   I brought a (flashlight / tent).

나는 손전등을 가지고 왔어요.

6   I read the (site / map) to find the station.

나는 역을 찾기 위해서 지도를 봤어요.

7   A lot of fish were swimming in (groups / flashlights).

많은 물고기가 무리지어 수영하고 있었어요.

8   The boys put up their (grass / tent).

소년들은 텐트를 쳤어요.

9   The bus (leaves / arrives) at 8 o'clock.

버스는 8시 정각에 출발해요.

10 My family (leaves / enjoys) camping.

우리 가족은 캠핑을 즐겨요.

E 주어진 단어를 활용해 문장을 완성해 보세요.

I can use a _____.
길을 잘 모를 때 이용할 수 있는 것은 무엇인가요?

I need a _____ for cooking.
음식을 만들 때 필요한 것은 무엇인가요?

I can use a _____.
어두워서 잘 안 보일 때 유용한 것은 무엇인가요?

I can see a grasshopper in _____.
메뚜기를 볼 수 있는 곳은 어디인가요?

I need a _____.
캠핑을 할 때 필요한 것은 무엇인가요?

★ **Camping** ★
• group
• map
• tent
• flashlight
• pot
• site
• grass
• enjoy
• leave
• arrive

40

DAY 09 Condition 상태

듣고 따라하는
원어민 발음

⭐ 그림을 보며 단어를 익힌 후, 빈칸에 단어를 따라 써 보세요. 🎧09

quick
빠른

quick

slow
느린

slow

high
높은

high

low
낮은

low

quiet
조용한

quiet

noisy
시끄러운

noisy

easy
쉬운

easy

difficult
어려운

difficult

dry
마른, 건조한

dry

wet
젖은

wet

A 그림을 보고, 빈칸에 알맞은 말을 써넣으세요.

1

be

Please be _____!

서두르세요!

2
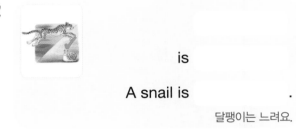

is

A snail is _____.

달팽이는 느려요.

3

very

The building is very _____.

그 건물은 매우 높아요.

4

very

The building is very _____.

그 건물은 매우 낮아요.

5
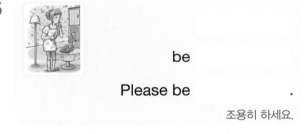

be

Please be _____.

조용히 하세요.

6

very

They are very _____.

그들은 매우 시끄러워요.

7
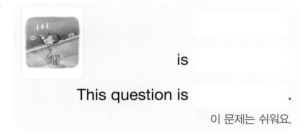

is

This question is _____.

이 문제는 쉬워요.

8
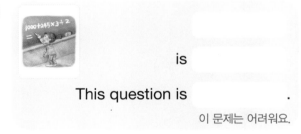

is

This question is _____.

이 문제는 어려워요.

9

is

My hair is _____.

제 머리가 말랐어요.

10

clothes

Take off your _____ clothes.

젖은 옷을 벗으세요.

B 그림에 해당하는 낱말을 바르게 쓰고, ○안에 알맞은 알파벳을 쓰세요.

1

seya

2

lwso

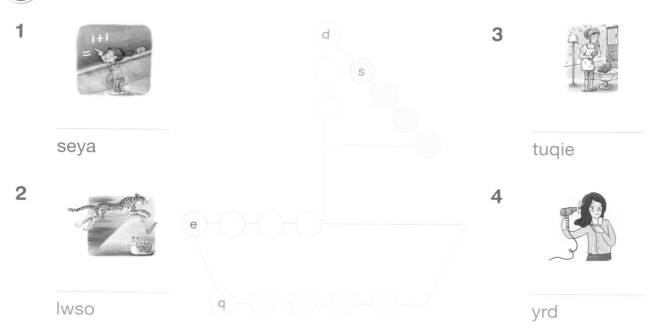

3

tuqie

4

yrd

C 그림에 알맞은 낱말을 퍼즐에서 찾아 ○표 하고, 해당하는 그림과 연결하세요.

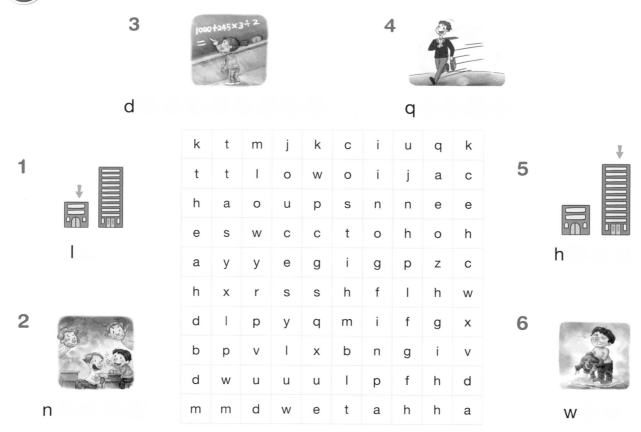

3

d

4

q

1

l

2

n

k	t	m	j	k	c	i	u	q	k
t	t	l	o	w	o	i	j	a	c
h	a	o	u	p	s	n	n	e	e
e	s	w	c	c	t	o	h	o	h
a	y	y	e	g	i	g	p	z	c
h	x	r	s	s	h	f	l	h	w
d	l	p	y	q	m	i	f	g	x
b	p	v	l	x	b	n	g	i	v
d	w	u	u	u	l	p	f	h	d
m	m	d	w	e	t	a	h	h	a

5

h

6

w

D 문장을 읽고, 알맞은 단어에 ○표 하세요.

1 There are some (low / high) hills in the village.

그 마을에는 몇 개의 낮은 언덕이 있어요.

2 There are (easy / high) buildings downtown.

시내에는 높은 건물들이 있어요.

3 The test was (easy / difficult).

그 시험은 쉬웠어요.

4 Please be (slow / quick). We don't have much time.

서두르세요. 우리는 시간이 없어요.

5 The question was (slow / difficult).

그 질문은 어려웠어요.

6 The floor is (wet / dry). Be careful!

바닥이 젖었어요. 조심하세요!

7 I need a (dry / high) towel.

나는 마른 수건이 필요해요.

8 She is speaking in a (noisy / quiet) voice.

그녀는 조용한 목소리로 말하고 있어요.

9 They are holding a (noisy / quick) party.

그들은 시끄러운 파티를 열고 있어요.

10 My old computer is very (slow / quick).

내 오래된 컴퓨터는 매우 느려요.

 E 주어진 단어를 활용해 문장을 완성해 보세요.

A library is a _____ place.

도서관은 어떤 장소인가요?

The ground is _____ after raining.

비가 온 뒤 땅은 어떤가요?

The mountains are _____.

우리 집 근처에 있는 산의 높이는 어떤가요?

It is very _____ for me.

물구나무서기는 쉬운가요, 어려운가요?

The turtle is _____.

거북이는 빠른 동물인가요, 느린 동물인가요?

★Condition★

• quick
• slow
• high
• low
• quiet
• noisy
• easy
• difficult
• dry
• wet

44

Daily schedule 일과

듣고 따라하는
원어민 발음

⭐ 그림을 보며 단어를 익힌 후, 빈칸에 단어를 따라 써 보세요. 🎧10

wake
wake
일어나다

exercise
exercise
운동, 운동하다

wash
wash
~을 씻다

hurry
hurry
서두르다

say
say
말하다

do
do
하다

drive
drive
운전하다

get
get
얻다

use
use
~을 사용하다

sleep
sleep
자다

1

_____ up early

I _____ up early.

나는 일찍 일어나요.

2

do some _____

Let's do some _____.

우리 운동을 좀 하자.

3

_____ my hands

I _____ my hands.

나는 손을 씻어요.

4

_____ up

Let's _____ up.

서두르자.

5

_____ it loud

I _____ it loud.

나는 그것을 크게 말해요.

6

_____ the laundry

I _____ the laundry.

나는 빨래를 해요.

7

_____ a car

I _____ a car.

나는 자동차를 운전해요.

8

_____ 100 points

I _____ 100 points.

나는 100점을 받아요.

9

_____ your phone

May I _____ your phone?

당신의 전화를 써도 될까요?

10

_____ 8 hours

I usually _____ 8 hours a day.

나는 보통 하루에 여덟 시간을 자요.

B 그림을 보고, 알파벳을 연결하여 낱말을 완성한 후 빈칸에 써넣으세요.

1   s   e   h

2   h   l   e   p

3   w   u   r   s   e   r

4   d   a   i   v   r   y

C 그림에 알맞은 낱말을 퍼즐에서 찾아 ○표 하고, 해당하는 그림과 연결하세요.

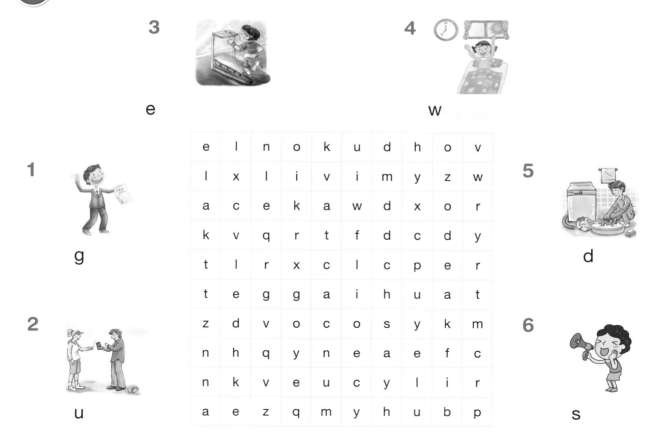

3   e

4   w

1   g

2   u

e	l	n	o	k	u	d	h	o	v
l	x	l	i	v	i	m	y	z	w
a	c	e	k	a	w	d	x	o	r
k	v	q	r	t	f	d	c	d	y
t	l	r	x	c	l	c	p	e	r
t	e	g	g	a	i	h	u	a	t
z	d	v	o	c	o	s	y	k	m
n	h	q	y	n	e	a	e	f	c
n	k	v	e	u	c	y	l	i	r
a	e	z	q	m	y	h	u	b	p

5   d

6   s

D 문장을 읽고, 알맞은 단어에 ○표 하세요.

1 He (drives / uses) a taxi.   그는 택시를 운전해요.

2 What did you (use / say)?   당신은 뭐라고 말했나요?

3 (Hurry / Exercise) up!   서둘러요!

4 I (did / exercised) my homework.   나는 숙제를 했어요.

5 Does he (drive / exercise) every day?   그는 매일 운동하나요?

6 (Wake / Sleep) me up at 7.   나를 7시에 깨워주세요.

7 Can I (say / use) your bathroom?   화장실 좀 써도 되나요?

8 She usually (sleeps / wakes) until 8.   그녀는 주로 8시까지 잠을 자요.

9 Did you (get / do) a letter?   당신은 편지를 받았나요?

10 Please (get / wash) your hands.   손을 씻으세요.

 E 주어진 단어를 활용해 문장을 완성해 보세요.

I _____ every morning.
건강을 위해 아침에 무엇을 하나요?

I _____ up early in the morning.
아침에 일찍 일어나나요?

I _____ hi to my classmates.
학교에 가면 가장 먼저 무엇을 하나요?

I _____ a textbook in a class.
수업 시간에 무엇을 사용하나요?

Bus drivers _____ buses.
버스 기사들이 하는 일은 무엇인가요?

★Daily schedule★
• wake
• exercise
• wash
• hurry
• say
• do
• drive
• get
• use
• sleep

Airplane 비행기

듣고 따라하는
원어민 발음

⭐ 그림을 보며 단어를 익힌 후, 빈칸에 단어를 따라 써 보세요. 🎧11

pilot
조종사

pilot

passenger
승객

passenger

crew
승무원

crew

seat
좌석, 자리

seat

passport
여권

passport

ticket
표, 입장권

ticket

suitcase
여행 가방

suitcase

wing
날개

wing

runway
활주로

runway

fly
비행하다, 날다

fly

그림을 보고, 빈칸에 알맞은 말을 써넣으세요.

1

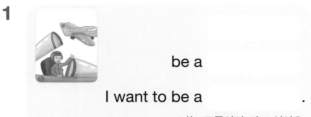

be a

I want to be a _____ .

나는 조종사가 되고 싶어요.

2

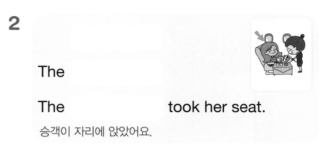

The _____

The _____ took her seat.

승객이 자리에 앉았어요.

3

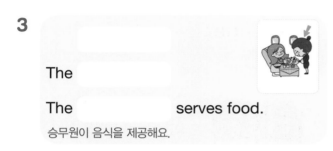

The _____

The _____ serves food.

승무원이 음식을 제공해요.

4

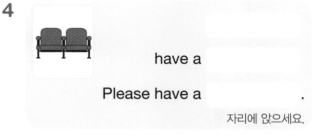

_____ have a

Please have a _____ .

자리에 앉으세요.

5

see your _____

May I see your _____ ?

여권 좀 보여 주시겠어요?

6

the _____

How much is the _____ ?

표는 얼마인가요?

7

my _____

I am carrying my _____ .

나는 내 여행 가방을 들고 가요.

8

has _____ s

The plane has _____ s.

비행기는 날개가 있어요.

9

on the _____

There is a plane on the _____ .

활주로에 비행기가 한 대 있어요.

10

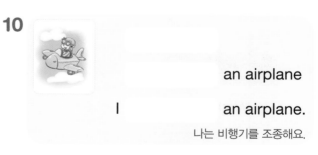

_____ an airplane

I _____ an airplane.

나는 비행기를 조종해요.

50

B 그림에 해당하는 낱말을 바르게 쓰고, ○안에 알맞은 알파벳을 쓰세요.

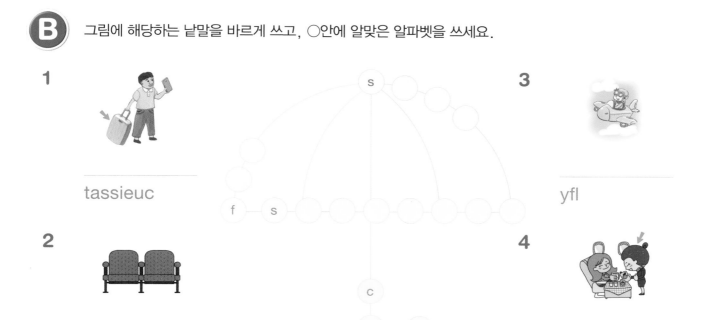

1

tassieuc

2

teas

3

yfl

4

rcwe

C 그림에 알맞은 낱말을 퍼즐에서 찾아 ○표 하고, 해당하는 그림과 연결하세요.

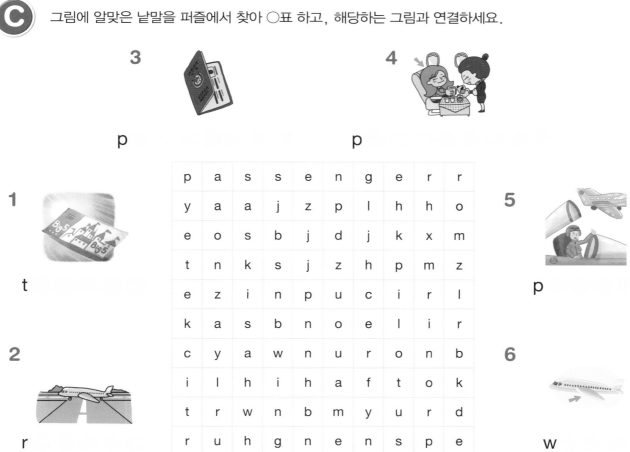

3

p

4

p

p	a	s	s	e	n	g	e	r	r
y	a	a	j	z	p	l	h	h	o
e	o	s	b	j	d	j	k	x	m
t	n	k	s	j	z	h	p	m	z
e	z	i	n	p	u	c	i	r	l
k	a	s	b	n	o	e	l	i	r
c	y	a	w	n	u	r	o	n	b
i	l	h	i	h	a	f	t	o	k
t	r	w	n	b	m	y	u	r	d
r	u	h	g	n	e	n	s	p	e

1

t

2

r

5

p

6

w

D 문장을 읽고, 알맞은 단어에 ○표 하세요.

1 He is carrying a (suitcase / pilot).   그는 여행 가방을 들고 있어요.

2 My father is a (pilot / crew).   우리 아버지는 조종사예요.

3 There is a (passport / passenger) on the bus.   버스에 승객이 한 명 있어요.

4 A (ticket / crew) helped an old lady.   한 승무원이 노부인을 도와주었어요.

5 Do you have your (passport / wing) with you?   당신은 여권이 있나요?

6 I want a window (suitcase / seat).   저는 창가 쪽 좌석을 원해요.

7 An airplane is landing on the (runway / seat).   비행기가 활주로에 착륙하고 있어요.

8 I lost my plane (ticket / fly).   나는 비행기 표를 잃어버렸어요.

9 Dragonflies have (wings / runways).   잠자리들은 날개가 있어요.

10 Birds are (wing / flying) in the sky.   새들이 하늘을 날고 있어요.

 E 주어진 단어를 활용해 문장을 완성해 보세요.

A _____ flies an airplane.
비행기는 누가 조종하나요?

I need a _____.
해외에 나가려면 무엇이 필요한가요?

I carry a _____.
여행을 갈 때 무엇을 가지고 가나요?

Airplanes have _____.
비행기가 날 수 있는 것은 무엇 때문인가요?

I buy a _____.
비행기를 탈 때 구입하는 것은 무엇인가요?

★ **Airplane** ★
- pilot
- passenger
- crew
- seat
- passport
- ticket
- suitcase
- wing
- runway
- fly

DAY 12 Travel 여행

듣고 따라하는
원어민 발음

⭐ 그림을 보며 단어를 익힌 후, 빈칸에 단어를 따라 써 보세요. 🎧12

station
station
역, 정거장

snack
snack
간식, 스낵

game
game
게임, 경기

street
street
거리
way 길, 도로 / avenue 큰길

bridge
bridge
다리

city
city
도시

country
country
시골, 나라

wait
wait
기다리다

begin
begin
시작하다

stay
stay
머무르다

그림을 보고, 빈칸에 알맞은 말을 써넣으세요.

1

_____ the subway

I go to the subway _____.

나는 지하철역에 가요.

2

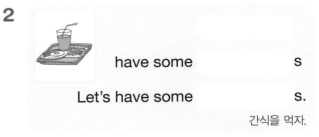

have some _____s

Let's have some _____s.

간식을 먹자.

3

play _____s

Let's play _____s.

게임을 하자.

4

_____ at Second _____

Turn left at Second _____.

2번가에서 왼쪽으로 도세요.

5

over the _____

Go over the _____.

다리를 건너가세요.

6

in the _____

I live in the _____.

나는 도시에 살아요.

7

in the _____

I live in the _____.

나는 시골에 살아요.

8

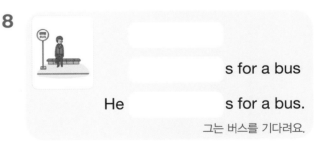

_____s for a bus

He _____s for a bus.

그는 버스를 기다려요.

9

_____s at 8 a.m.

School _____s at 8 a.m.

학교는 8시에 시작해요.

10

_____ at home

I _____ at home.

나는 집에 머물러요.

B 그림을 보고, 알파벳을 연결하여 낱말을 완성한 후 빈칸에 써넣으세요.

1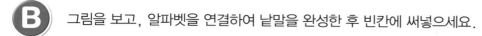

e
b
i   i   e

2

b   n
g   d   g
r
c

3

s   a   t
n

4

a
w   i   k

C 그림에 알맞은 낱말을 퍼즐에서 찾아 ○표 하고, 해당하는 그림과 연결하세요.

3
s

4
c

1

s

2

g

j	s	b	d	e	d	z	y	e	l
n	u	v	g	d	k	r	t	x	l
o	i	m	r	z	t	i	i	e	a
i	d	s	p	n	o	k	c	r	b
t	k	s	u	s	k	z	s	c	y
a	t	o	v	s	t	u	y	i	e
t	c	o	o	q	t	r	m	s	l
s	t	a	y	k	s	r	e	e	l
l	l	a	b	y	g	a	m	e	o
e	w	v	h	k	f	p	q	s	t

5

c

6

s

D 문장을 읽고, 알맞은 단어에 ○표 하세요.

1 My grandparents live in the (country / station).

우리 조부모님은 시골에 사세요.

2 There is a small (game / bridge) over the stream.

시냇물 위에 작은 다리가 있어요.

3 My brother loves (snacks / games).

우리 오빠는 간식을 좋아해요.

4 We will (begin / stay) our meeting at 7.

우리는 7시에 회의를 시작할 거예요.

5 Where is the nearest (bridge / station)?

가장 가까운 역이 어디예요?

6 New York is a big (city / street).

뉴욕은 대도시예요.

7 The children began a soccer (snack / game).

아이들이 축구 게임을 시작했어요.

8 They are (waiting / beginning) in line.

그들은 줄을 서서 기다리고 있어요.

9 We will (stay / wait) in Canada for two weeks.

우리는 캐나다에 2주 동안 머물 거예요.

10 There are lots of people in the (country / street).

거리에는 많은 사람들이 있어요.

 E 주어진 단어를 활용해 문장을 완성해 보세요.

We go to a _____.
기차를 타려면 어디로 가야 하나요?

We need a _____ to cross a river.
강을 건너려면 무엇이 필요한가요?

I like living in the _____.
도시나 시골 중 어디서 사는 것이 좋은가요?

I play fun _____ with friends.
친구들과 무엇을 하면서 시간을 보내나요?

I have some _____.
배가 고플 때 무엇을 먹나요?

★ Travel ★
• station
• snack
• game
• street
• bridge
• city
• country
• wait
• begin
• stay

Beach 해변

그림을 보며 단어를 익힌 후, 빈칸에 단어를 따라 써 보세요. 🎧13

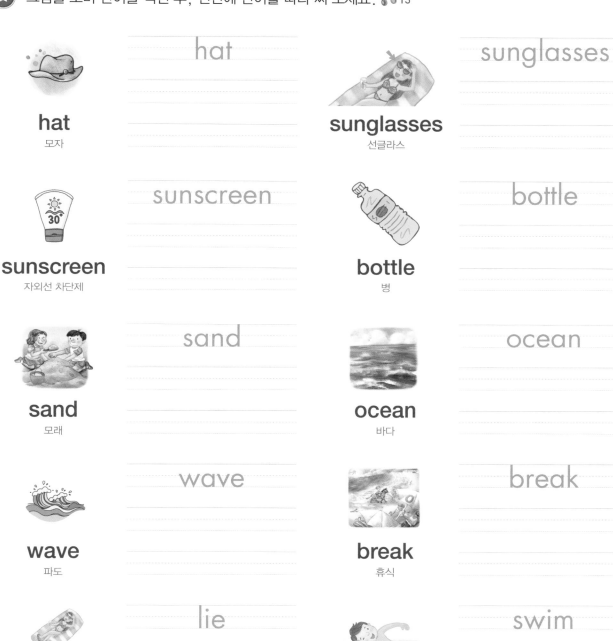

hat
모자

hat

sunglasses
선글라스

sunglasses

sunscreen
자외선 차단제

sunscreen

bottle
병

bottle

sand
모래

sand

ocean
바다

ocean

wave
파도

wave

break
휴식

break

lie
눕다

lie

swim
수영하다

swim

A 그림을 보고, 빈칸에 알맞은 말을 써넣으세요.

1
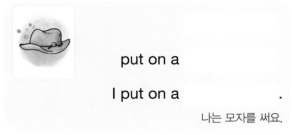

put on a ⬜

I put on a ⬜⬜⬜ .

나는 모자를 써요.

2

⬜ my

I am wearing my ⬜ .

나는 선글라스를 쓰고 있어요.

3

⬜ on my face

I put on ⬜ on my face.

나는 얼굴에 자외선 차단제를 발라요.

4

⬜ a ⬜ of water

Give me a ⬜ of water.

저에게 물 한 병을 주세요.

5

⬜ a ⬜ castle

Let's make a ⬜ castle.

모래성을 만들어요.

6
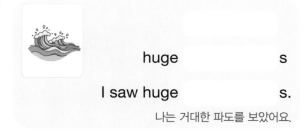

⬜ the ⬜

Let's go to the ⬜ .

바다에 가요.

7
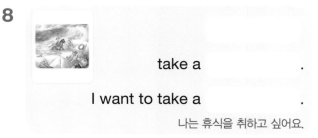

⬜ huge ⬜ s

I saw huge ⬜ s.

나는 거대한 파도를 보았어요.

8
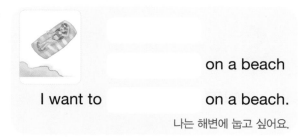

⬜ take a ⬜ .

I want to take a ⬜ .

나는 휴식을 취하고 싶어요.

9

⬜ on a beach

I want to ⬜ on a beach.

나는 해변에 눕고 싶어요.

10

go ⬜ ming

I go ⬜ ming every day.

나는 매일 수영하러 가요.

B 그림에 해당하는 낱말을 바르게 쓰고, ○안에 알맞은 알파벳을 쓰세요.

1

etoblt

2

enoac

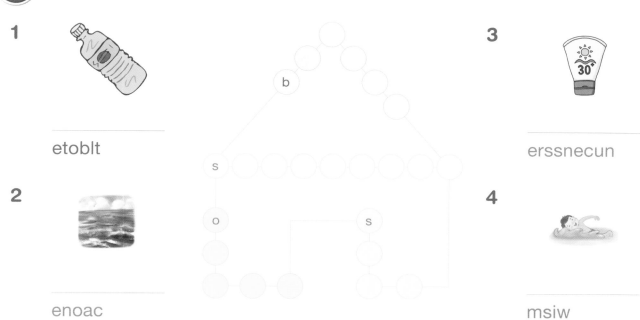

3

erssnecun

4

msiw

C 그림에 알맞은 낱말을 퍼즐에서 찾아 ○표 하고, 해당하는 그림과 연결하세요.

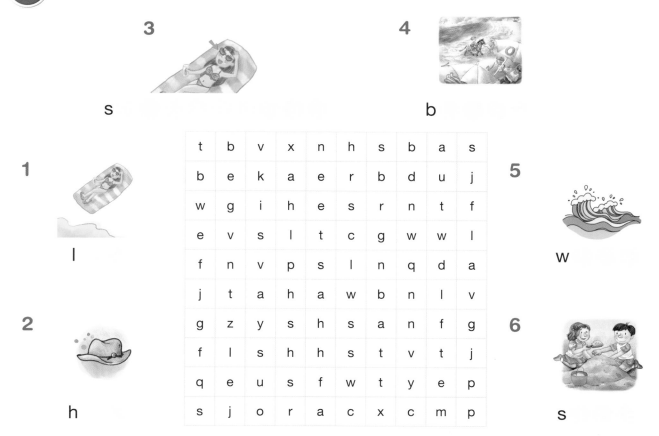

3

s

4

b

1

l

2

h

t	b	v	x	n	h	s	b	a	s
b	e	k	a	e	r	b	d	u	j
w	g	i	h	e	s	r	n	t	f
e	v	s	l	t	c	g	w	w	l
f	n	v	p	s	l	n	q	d	a
j	t	a	h	a	w	b	n	l	v
g	z	y	s	h	s	a	n	f	g
f	l	s	h	h	s	t	v	t	j
q	e	u	s	f	w	t	y	e	p
s	j	o	r	a	c	x	c	m	p

5

w

6

s

문장을 읽고, 알맞은 단어에 ○표 하세요.

1 Many people are wearing (sunglasses / sunscreen).   많은 사람들이 선글라스를 쓰고 있어요.

2 Children are playing on the (wave / sand).   아이들이 모래 위에서 놀고 있어요.

3 The (sand / ocean) is clean and blue.   바다는 깨끗하고 푸르러요.

4 I put on (sunscreen / sunglasses) in hot summer.   나는 더운 여름에는 자외선 차단제를 발라요.

5 There is a (ocean / bottle) of water in the bag.   가방에 물 한 병이 있어요.

6 I can (swim / lie) very well.   나는 수영을 매우 잘해요.

7 I wear a (bottle / hat) when the sun is strong.   나는 햇볕이 강할 때 모자를 써요.

8 We need a (break / sand).   우리는 휴식이 필요해요.

9 He is (breaking / lying) in the sun.   그는 햇볕을 쬐고 누워 있어요.

10 They are playing in the (waves / hats).   그들은 파도를 타며 놀고 있어요.

 주어진 단어를 활용해 문장을 완성해 보세요.

I wear _____.
햇빛이 강할 때 무엇을 착용하나요?

I can pour water into a _____.
물은 어디에 담을까요?

I can build a _____ castle.
바닷가에서 물놀이 외에 무엇을 할 수 있나요?

I _____ in the sun.
선탠을 하려면 어떻게 하나요?

I can _____ in the sea.
여름이면 바다에서 무엇을 하나요?

★ Beach ★
• hat
• sunglasses
• sunscreen
• bottle
• sand
• ocean
• wave
• break
• lie
• swim

DAY 14 Personality 성격

듣고 따라하는
원어민 발음

 그림을 보며 단어를 익힌 후, 빈칸에 단어를 따라 써 보세요. 🎧14

curious

curious
궁금한, 호기심이 많은

brave

brave
용감한

shy

shy
수줍어하는

careful

careful
주의 깊은, 조심성 있는

honest

honest
정직한

polite

polite
예의 바른

kind

kind
친절한

funny

funny
재미있는

smart

smart
똑똑한, 영리한

foolish

foolish
어리석은

그림을 보고, 빈칸에 알맞은 말을 써넣으세요.

1

very

She is very _____ .

그녀는 매우 호기심이 많아요.

2

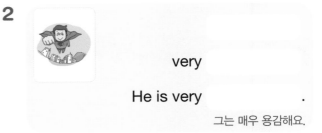

very

He is very _____ .

그는 매우 용감해요.

3

very

He is very _____ .

그는 매우 수줍어해요.

4

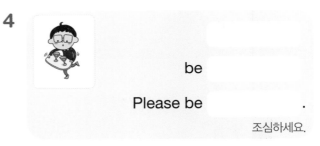

be

Please be _____ .

조심하세요.

5

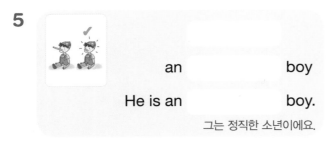

an _____ boy

He is an _____ boy.

그는 정직한 소년이에요.

6

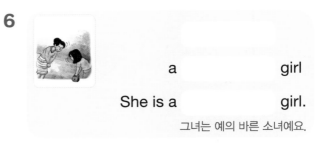

a _____ girl

She is a _____ girl.

그녀는 예의 바른 소녀예요.

7

very

He looks very _____ .

그는 친절해 보여요.

8

very

He is very _____ .

그는 매우 재미있어요.

9

very

He is very _____ .

그는 매우 똑똑해요.

10

very

The monkey is very _____ .

그 원숭이는 매우 어리석어요.

B 그림을 보고, 알파벳을 연결하여 낱말을 완성한 후 빈칸에 써넣으세요.

1   s   h   i   d

2   k   n   y

3   h   o   e   r   t

4   m   n   s   a   s   t

C 그림에 알맞은 낱말을 퍼즐에서 찾아 ○표 하고, 해당하는 그림과 연결하세요.

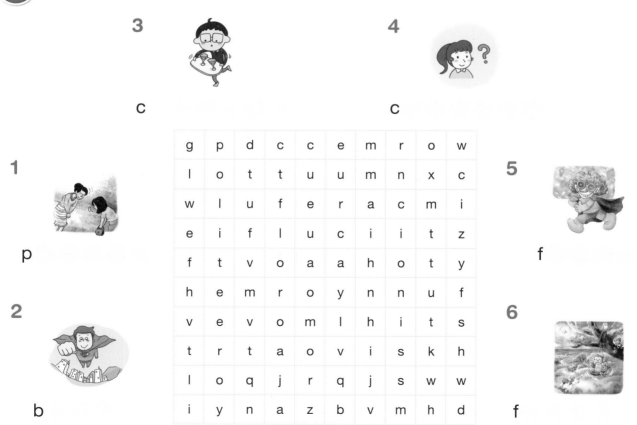

3   c

4   c

1   p

2   b

5   f

6   f

g	p	d	c	c	e	m	r	o	w
l	o	t	t	u	u	m	n	x	c
w	l	u	f	e	r	a	c	m	i
e	i	f	l	u	c	i	i	t	z
f	t	v	o	a	a	h	o	t	y
h	e	m	r	o	y	n	n	u	f
v	e	v	o	m	l	h	i	t	s
t	r	t	a	o	v	i	s	k	h
l	o	q	j	r	q	j	s	w	w
i	y	n	a	z	b	v	m	h	d

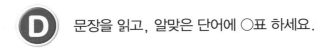

D 문장을 읽고, 알맞은 단어에 ○표 하세요.

1 He is an (honest / careful) man.
그는 정직한 남자예요.

2 She is always (curious / funny).
그녀는 늘 호기심이 많아요.

3 The firefighter was (shy / brave).
소방관은 용감했어요.

4 A (kind / shy) man gave his seat to an old man.
한 친절한 남자가 노인에게 자리를 양보했어요.

5 Please be (curious / polite) to them.
그들에게 예의 있게 대하세요.

6 She looks (foolish / honest) in the funny clothes.
그녀는 우스운 옷을 입어 바보처럼 보여요.

7 He is (kind / shy) and quiet.
그는 수줍음이 많고 조용해요.

8 My dog is very (smart / brave).
우리 개는 매우 똑똑해요.

9 My father is a (smart / careful) driver.
우리 아버지는 조심해서 운전해요.

10 I watched a (funny / foolish) comedy show.
나는 재미있는 코미디 프로그램을 봤어요.

 주어진 단어를 활용해 문장을 완성해 보세요.

Cats are _____.
고양이들은 어떤 성격인가요?

I am _____.
나는 어떤 성격인가요?

I like _____ people.
어떤 성격의 사람들을 좋아하나요?

My best friend is _____.
가장 친한 친구는 어떤 성격인가요?

I want to be a(n) _____ person.
어떤 성격을 가진 사람이 되고 싶나요?

★ **Personality** ★
• curious
• brave
• shy
• careful
• honest
• polite
• kind
• funny
• smart
• foolish

DAY 15 Sense 감각

 그림을 보며 단어를 익힌 후, 빈칸에 단어를 따라 써 보세요. 🎧15

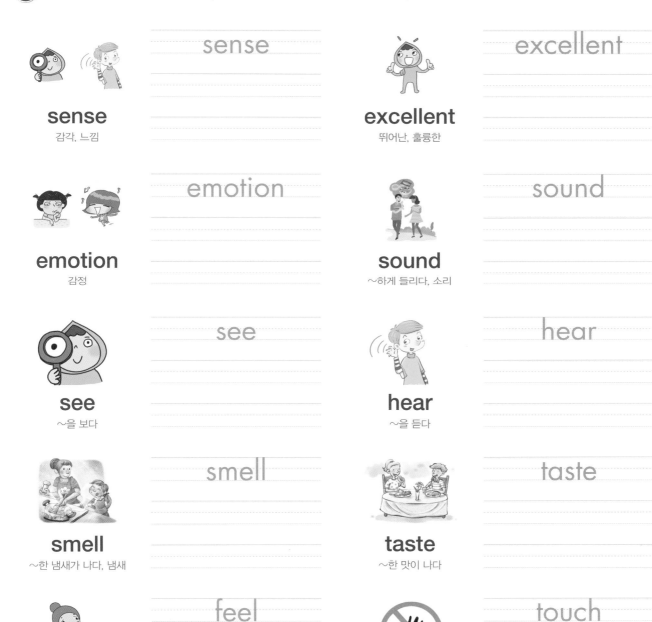

sense
감각, 느낌
sense

emotion
감정
emotion

see
~을 보다
see

smell
~한 냄새가 나다, 냄새
smell

feel
느끼다
feel

excellent
뛰어난, 훌륭한
excellent

sound
~하게 들리다, 소리
sound

hear
~을 듣다
hear

taste
~한 맛이 나다
taste

touch
~을 만지다, 촉각
touch

DAY 15

그림을 보고, 빈칸에 알맞은 말을 써넣으세요.

1

five _____ s

We have five _____ s.

우리는 다섯 가지 감각을 가지고 있어요.

2

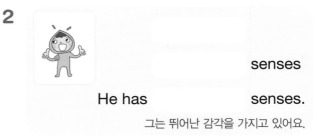

_____ senses

He has _____ senses.

그는 뛰어난 감각을 가지고 있어요.

3

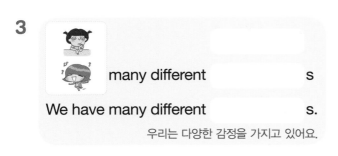

many different _____ s

We have many different _____ s.

우리는 다양한 감정을 가지고 있어요.

4

_____ s good

That _____ s good.

그것은 좋게 들리네요.

5

_____ her

I _____ her.

나는 그녀를 봐요.

6

_____ that

Sorry to _____ that.

그런 이야기를 들어서 유감이에요.

7

_____ s delicious

The food _____ s delicious.

그 음식은 맛있는 냄새가 나요.

8

_____ s good

The food _____ s good.

그 음식은 맛있어요.

9

_____ sad

I _____ sad.

나는 슬픔을 느껴요.

10

_____ it

Don't _____ it.

그것을 만지지 마세요.

B 그림에 해당하는 낱말을 바르게 쓰고, ○안에 알맞은 알파벳을 쓰세요.

1
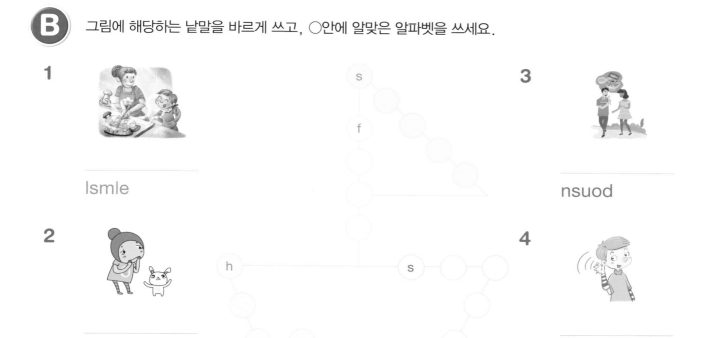
lsmle

2
elef

3
nsuod

4
ahre

C 그림에 알맞은 낱말을 퍼즐에서 찾아 ○표 하고, 해당하는 그림과 연결하세요.

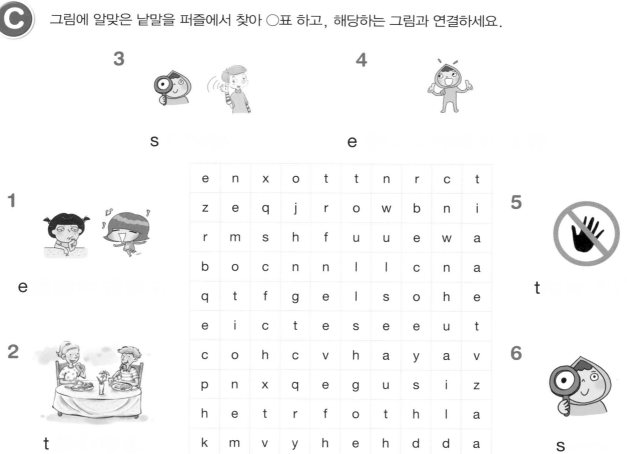

3 s

4 e

1 e

2 t

5 t

6 s

e	n	x	o	t	t	n	r	c	t
z	e	q	j	r	o	w	b	n	i
r	m	s	h	f	u	u	e	w	a
b	o	c	n	n	l	l	c	n	a
q	t	f	g	e	l	s	o	h	e
e	i	c	t	e	s	e	e	u	t
c	o	h	c	v	h	a	y	a	v
p	n	x	q	e	g	u	s	i	z
h	e	t	r	f	o	t	h	l	a
k	m	v	y	h	e	h	d	d	a

문장을 읽고, 알맞은 단어에 ○표 하세요.

1   The violin makes beautiful (smell / sound).   바이올린은 아름다운 소리가 나요.

2   I like the (smell / see) of the flowers.   나는 그 꽃의 향기가 좋아요.

3   She (sounds / feels) dizzy.   그녀는 어지러움을 느껴요.

4   The boy tried to (touch / taste) the beetle.   소년은 딱정벌레를 만져보려고 했어요.

5   The new movie is (touch / excellent).   그 새 영화는 훌륭해요.

6   We all have (emotions / senses).   우리는 모두 감정이 있어요.

7   I (sensed / heard) someone shout.   나는 누군가 소리치는 것을 들었어요.

8   Touch is one of the five (senses / sounds).   촉각은 오감 중 하나예요.

9   Did you (taste / hear) this soup?   이 수프를 맛보셨나요?

10 I (feel / see) a helicopter in the sky.   나는 하늘의 헬리콥터를 보아요.

 주어진 단어를 활용해 문장을 완성해 보세요.

I can _____ things.
우리의 눈이 하는 일은 무엇인가요?

I can _____ things.
우리의 귀가 하는 일은 무엇인가요?

I can _____ things.
우리의 코가 하는 일은 무엇인가요?

I can _____ things.
우리의 혀가 하는 일은 무엇인가요?

I have _____.
우리가 웃거나 우는 것은 무엇 때문인가요?

★ **Sense** ★

- sense
- excellent
- emotion
- sound
- see
- hear
- smell
- taste
- feel
- touch

Playground

운동장

듣고 따라하는
원어민 발음

 그림을 보며 단어를 익힌 후, 빈칸에 단어를 따라 써 보세요. 🎧16

DAY 16

slide
미끄럼틀

slide

swing
그네

swing

hide
숨다, ~을 숨기다

hide

find
~을 찾다

find

jump
뛰다, 뛰어 오르다

jump

shout
외치다, 소리치다

shout

throw
~을 던지다

throw

catch
~을 잡다

catch

hit
~을 치다, 때리다

hit

kick
~을 발로 차다

kick

69

A 그림을 보고, 빈칸에 알맞은 말을 써넣으세요.

1

the _____

I go down the _____ .

나는 미끄럼틀을 타요.

2
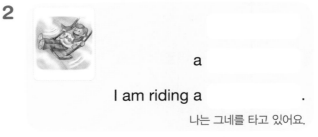
a _____

I am riding a _____ .

나는 그네를 타고 있어요.

3
_____ from

I _____ from the seeker.

나는 술래로부터 숨어요.

4

_____ a wallet

I _____ a wallet.

나는 지갑을 발견해요.

5

_____ high

I can _____ high.

나는 높이 뛸 수 있어요.

6

_____ ed for help

I _____ ed for help.

나는 도와달라고 외쳤어요.

7
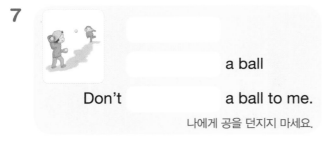
_____ a ball

Don't _____ a ball to me.

나에게 공을 던지지 마세요.

8

_____ a ball

I _____ a ball.

나는 공을 잡아요.

9
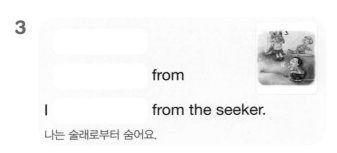
_____ a ball

I _____ a ball with a bat.

나는 방망이로 공을 쳐요.

10
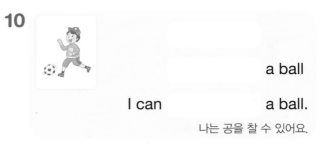
_____ a ball

I can _____ a ball.

나는 공을 찰 수 있어요.

B 그림을 보고, 알파벳을 연결하여 낱말을 완성한 후 빈칸에 써넣으세요.

1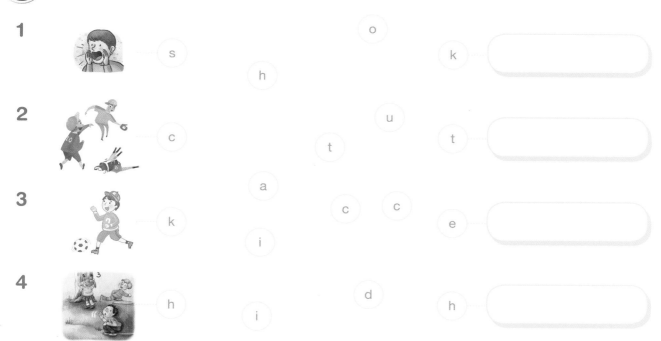
s   o   h   k

2
c   u   t   t

3
k   a   c   c   e
i

4
h   d   h
i

C 그림에 알맞은 낱말을 퍼즐에서 찾아 ○표 하고, 해당하는 그림과 연결하세요.

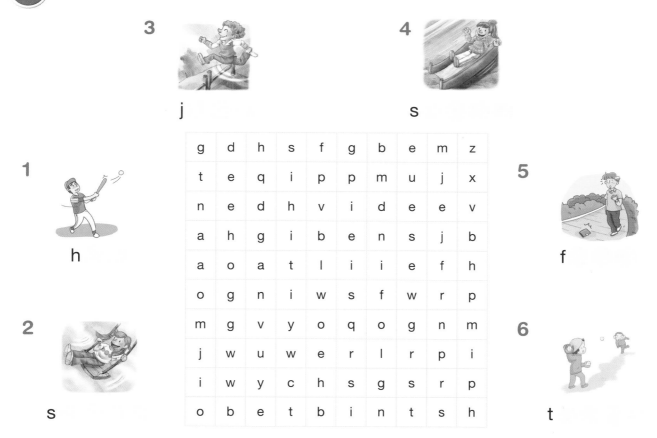

3   j

4   s

g	d	h	s	f	g	b	e	m	z
t	e	q	i	p	p	m	u	j	x
n	e	d	h	v	i	d	e	e	v
a	h	g	i	b	e	n	s	j	b
a	o	a	t	l	i	i	e	f	h
o	g	n	i	w	s	f	w	r	p
m	g	v	y	o	q	o	g	n	m
j	w	u	w	e	r	l	r	p	i
i	w	y	c	h	s	g	s	r	p
o	b	e	t	b	i	n	t	s	h

1   h

2   s

5   f

6   t

D 문장을 읽고, 알맞은 단어에 ○표 하세요.

1 She didn't (find / shout) me.

그녀는 나를 찾지 않았어요.

2 He (catch / hit) the ball with his racket.

그는 라켓으로 공을 쳤어요.

3 A child is going down the (slide / swing).

한 아이가 미끄럼틀을 내려오고 있어요.

4 He is trying to (hide / jump) high.

그는 높이 뛰려고 해요.

5 He (kicked / found) the ball.

그는 공을 발로 찼어요.

6 She is (throwing / hiding) behind the tree.

그녀는 나무 뒤에 숨어 있어요.

7 He is (kicking / throwing) the ball into the basket.

그는 바구니 안으로 공을 던지고 있어요.

8 Some kids are playing on (swings / slides).

몇몇 아이들이 그네 위에서 놀고 있어요.

9 They ran to (jump / catch) the ball.

그들은 공을 잡으려고 뛰었어요.

10 She (shouted / hit) loudly.

그녀는 크게 소리 질렀어요.

E 주어진 단어를 활용해 문장을 완성해 보세요.

I want to play on a _____.

놀이터에서 어떤 놀이 기구를 타고 싶은가요?

We can _____ a ball.

공을 가지고 무엇을 할 수 있나요?

We _____ a ball to pass it.

축구를 할 때 공을 어떻게 패스하나요?

They _____ their friends.

술래잡기에서 술래들은 무엇을 하나요?

They _____ the ball with a bat.

야구 할 때 타자는 날아오는 공을 어떻게 하나요?

★ **Playground** ★

• slide
• swing
• hide
• find
• jump
• shout
• throw
• catch
• hit
• kick

⭐ 그림을 보며 단어를 익힌 후, 빈칸에 단어를 따라 써 보세요. 🎧17

picnic
소풍

picnic

bench
벤치, 긴 의자

bench

fountain
분수, 분수대

fountain

trash can
쓰레기통

trash can

balloon
풍선

balloon

field
들판

field

kid
아이

kid

run
달리다, 뛰다

run

smile
미소를 짓다

smile

relax
쉬다, 긴장을 풀다

relax

73

A 그림을 보고, 빈칸에 알맞은 말을 써넣으세요.

1
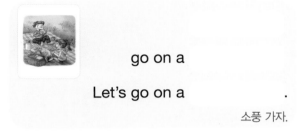
go on a _____

Let's go on a _____ .

소풍 가자.

2
_____ on the _____

Don't sit on the _____ .

벤치에 앉지 마세요.

3
a _____ in the park

There is a _____ in the park.

공원에 분수대가 있어요.

4

The _____

The _____ is full of trash.

쓰레기통이 쓰레기로 가득 찼어요.

5
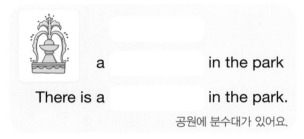
have a _____

I have a _____ .

나는 풍선을 가지고 있어요.

6
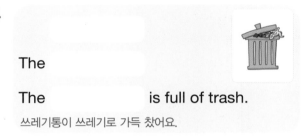
_____ on the _____

There is a tree on the _____ .

들판에 나무 한 그루가 있어요.

7
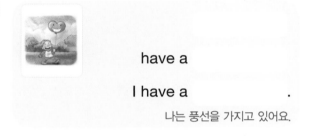
a good _____

He is a good _____ .

그는 착한 아이예요.

8
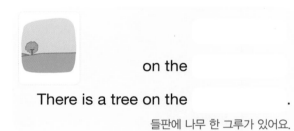
_____ fast

I can _____ fast.

나는 빨리 달릴 수 있어요.

9

_____ at her

I _____ at her.

나는 그녀에게 미소를 지어요.

10
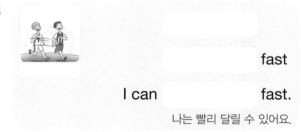
_____ at home

I _____ at home.

나는 집에서 쉬어요.

74

B 그림에 해당하는 낱말을 바르게 쓰고, ◯안에 알맞은 알파벳을 쓰세요.

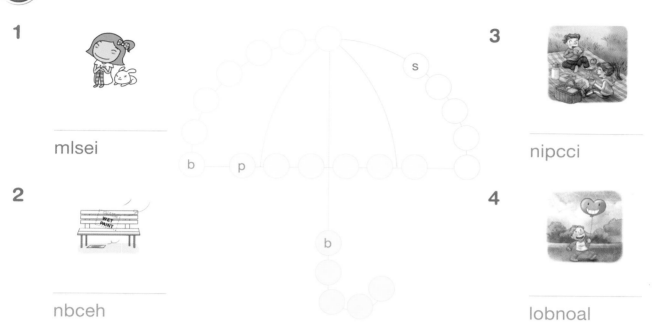

1

mlsei

2

nbceh

3

nipcci

4

lobnoal

C 그림에 알맞은 낱말을 퍼즐에서 찾아 ◯표 하고, 해당하는 그림과 연결하세요.

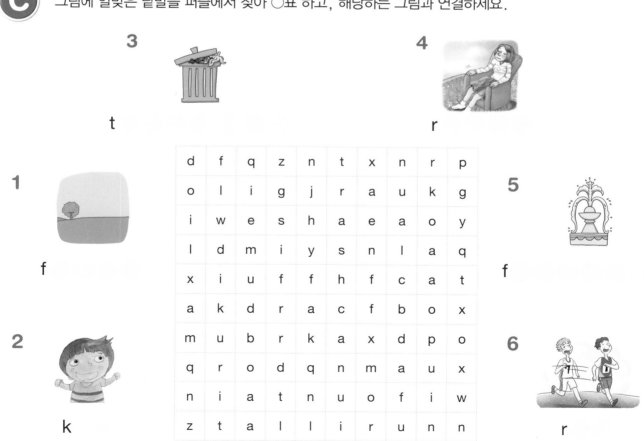

3

t

4

r

1

f

2

k

5

f

6

r

d	f	q	z	n	t	x	n	r	p
o	l	i	g	j	r	a	u	k	g
i	w	e	s	h	a	e	a	o	y
l	d	m	i	y	s	n	l	a	q
x	i	u	f	f	h	f	c	a	t
a	k	d	r	a	c	f	b	o	x
m	u	b	r	k	a	x	d	p	o
q	r	o	d	q	n	m	a	u	x
n	i	a	t	n	u	o	f	i	w
z	t	a	l	l	i	r	u	n	n

D 문장을 읽고, 알맞은 단어에 ○표 하세요.

1   He is blowing a (kid / balloon).   그는 풍선을 불고 있어요.

2   She is sitting on the (balloon / bench).   그녀는 벤치 위에 앉아 있어요.

3   (Kids / Balloons) are playing in the fountain.   아이들이 분수대에서 놀고 있어요.

4   We went on a (picnic / field) today.   우리는 오늘 소풍을 갔어요.

5   Throw the bottle into the (fountain / trash can).   그 병을 쓰레기통에 버리세요.

6   A bird is drinking from the (fountain / trash can).   새 한 마리가 분수대의 물을 마시고 있어요.

7   Dogs are (smiling / running) around in the snow.   개들이 눈 속에서 뛰어다니고 있어요.

8   I see a green (field / bench) in front of me.   내 앞에 푸른 들판이 보여요.

9   The boy (smiled / relaxed) brightly.   소년은 밝게 미소 지었어요.

10 The girl is (running / relaxing) on a bench.   소녀는 벤치에서 쉬고 있어요.

E 주어진 단어를 활용해 문장을 완성해 보세요.

I want to have a _____.
날씨가 좋은 날에는 무엇을 하고 싶은가요?

I can see a _____ in a park.
공원에서 볼 수 있는 것은 무엇인가요?

I put trash in a _____.
쓰레기는 어디에 버리나요?

I _____ when I am happy.
기분이 좋을 때 우리는 어떤 표정을 짓나요?

I can _____ on a bench.
벤치에서 무엇을 할 수 있나요?

★ **Park** ★
- picnic
- bench
- fountain
- trash can
- balloon
- field
- kid
- run
- smile
- relax

 **DAY 18** **Exercise** 운동

듣고 따라하는
원어민 발음

⭐ 그림을 보며 단어를 익힌 후, 빈칸에 단어를 따라 써 보세요. 🎧18

gym
체육관
= gymnasium

 gym

 wrist
wrist
손목

elbow
팔꿈치

elbow

ankle
발목

ankle

waist
허리

waist

jump rope
줄넘기, 줄넘기하다

jump rope

ready
준비가 된

ready

turn
돌다

turn

push
~을 밀다, 찌르다

push

pull
~을 잡아당기다, 끌어당기다

pull

그림을 보고, 빈칸에 알맞은 말을 써넣으세요.

1

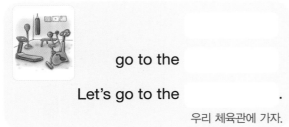

go to the

Let's go to the _____ .

우리 체육관에 가자.

2

my

I hurt my _____ .

나는 손목을 다쳤어요.

3

my

I hurt my _____ .

나는 팔꿈치를 다쳤어요.

4

my

I hurt my _____ .

나는 발목을 다쳤어요.

5

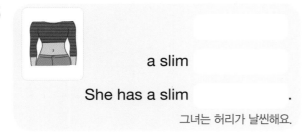

a slim

She has a slim _____ .

그녀는 허리가 날씬해요.

6

do

Let's do _____ .

우리 줄넘기를 하자.

7

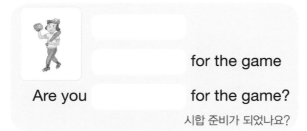

for the game

Are you _____ for the game?

시합 준비가 되었나요?

8

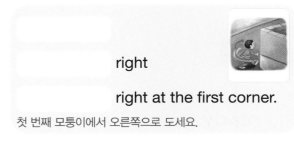

right

_____ right at the first corner.

첫 번째 모퉁이에서 오른쪽으로 도세요.

9

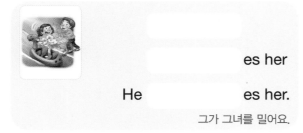

es her

He _____ es her.

그가 그녀를 밀어요.

10

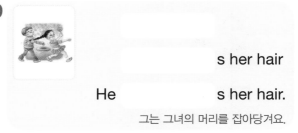

s her hair

He _____ s her hair.

그는 그녀의 머리를 잡아당겨요.

B 그림을 보고, 알파벳을 연결하여 낱말을 완성한 후 빈칸에 써넣으세요.

C 그림에 알맞은 낱말을 퍼즐에서 찾아 ○표 하고, 해당하는 그림과 연결하세요.

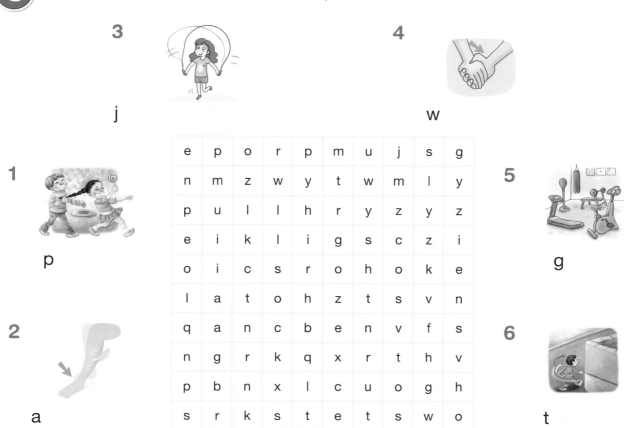

D 문장을 읽고, 알맞은 단어에 ○표 하세요.

1　The children are doing (jump rope / gym).　　아이들이 줄넘기를 하고 있어요.

2　He has a slim (ankle / waist).　　그는 허리가 날씬해요.

3　The top is (turning / pushing) around.　　팽이가 돌고 있어요.

4　He twisted his (wrist / ankle).　　그는 발목을 삐었어요.

5　We (pulled / turned) the rope very hard.　　우리는 줄을 세게 잡아 당겼어요.

6　The boy wanted to (push / pull) the cart.　　소년은 손수레를 밀고 싶었어요.

7　They took me by the (wrist / elbow).　　그들은 내 손목을 잡았어요.

8　The boy had a bruise on his (ready / elbow).　　소년은 팔꿈치에 멍이 들었어요.

9　Are you (waist / ready)?　　준비되었나요?

10　He goes to the (jump rope / gym) every day.　　그는 매일 체육관에 가요.

E 주어진 단어를 활용해 문장을 완성해 보세요.

I go to the _____ to exercise.
우리는 운동을 하기 위해 어디로 가나요?

I play a _____.
집에서 간단히 운동할 수 있는 방법에는 무엇이 있을까요?

I _____ down the pedals.
자전거를 나아가게 하려면 어떻게 해야 하나요?

I hurt my _____.
다칠 수 있는 관절 부위는 어디일까요?

Many people want to have a slim _____.
많은 사람들은 날씬한 무엇을 가지고 싶어 하나요?

★ Exercise ★
• gym
• wrist
• elbow
• ankle
• waist
• jump rope
• ready
• turn
• push
• pull

Time 시간

듣고 따라하는
원어민 발음

⭐ 그림을 보며 단어를 익힌 후, 빈칸에 단어를 따라 써 보세요. 🎧19

early
일찍

early

late
늦게

late

noon
정오, 낮 12시

noon

tonight
오늘밤

tonight

today
오늘

today

tomorrow
내일

tomorrow

yesterday
어제

yesterday

past
과거

past

present
현재

present

future
미래

future

81

그림을 보고, 빈칸에 알맞은 말을 써넣으세요.

1

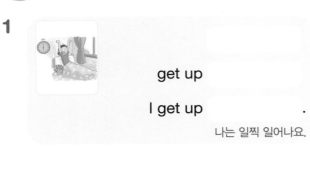

get up

I get up .

나는 일찍 일어나요.

2

get up

I get up .

나는 늦게 일어나요.

3

at

I eat lunch at .

나는 정오에 점심을 먹어요.

4

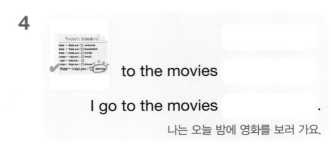

to the movies

I go to the movies .

나는 오늘 밤에 영화를 보러 가요.

5

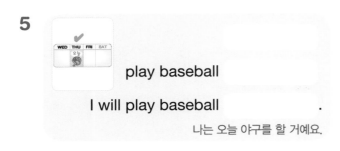

play baseball

I will play baseball .

나는 오늘 야구를 할 거예요.

6

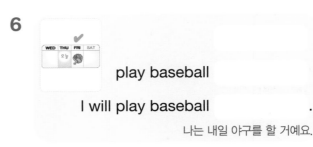

play baseball

I will play baseball .

나는 내일 야구를 할 거예요.

7

play baseball

I played baseball .

나는 어제 야구를 했어요.

8

in the

I lived in Japan in the .

나는 과거에 일본에 살았어요.

9

at

I live in Korea at .

나는 현재 한국에 살아요.

10

in the

I will live in the USA in the .

나는 미래에 미국에 살 거예요.

B 그림에 해당하는 낱말을 바르게 쓰고, ○안에 알맞은 알파벳을 쓰세요.

1

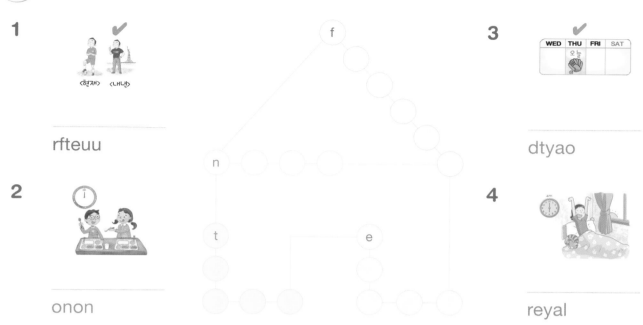

〈현재〉 〈내년〉

rfteuu

2

i

onon

3

WED	THU	FRI	SAT
	오늘		

dtyao

4

reyal

C 그림에 알맞은 낱말을 퍼즐에서 찾아 ○표 하고, 해당하는 그림과 연결하세요.

3

WED	THU	FRI	SAT
	오늘		

t

4

〈작년〉 〈현재〉

p

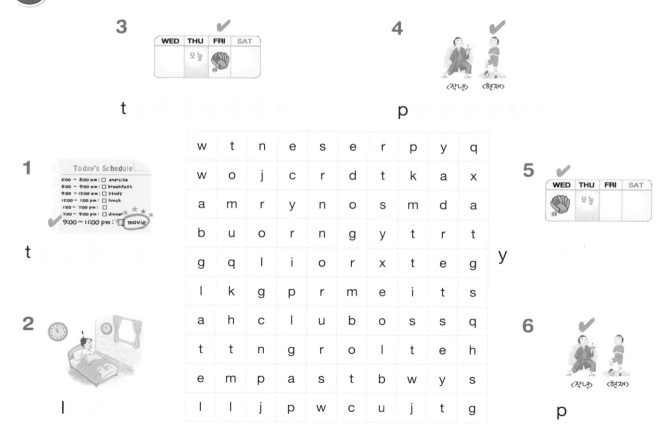

1

Today's Schedule

6:00 ~ 8:00 am : ☐ exercise
8:00 ~ 9:00 am : ☐ breakfast
9:00 ~ 12:00 am : ☐ study
12:00 ~ 1:00 pm : ☐ lunch
1:00 ~ 7:00 pm : ☐
7:00 ~ 9:00 pm : ☐ dinner
9:00 ~ 11:00 pm : ☐ movie

t

2

l

w	t	n	e	s	e	r	p	y	q
w	o	j	c	r	d	t	k	a	x
a	m	r	y	n	o	s	m	d	a
b	u	o	r	n	g	y	t	r	t
g	q	l	i	o	r	x	t	e	g
l	k	g	p	r	m	e	i	t	s
a	h	c	l	u	b	o	s	s	q
t	t	n	g	r	o	l	t	e	h
e	m	p	a	s	t	b	w	y	s
l	l	j	p	w	c	u	j	t	g

5

WED	THU	FRI	SAT
	오늘		

y

6

〈작년〉 〈현재〉

p

문장을 읽고, 알맞은 단어에 ○표 하세요.

1   I have plans for (tonight / today). 나는 오늘 밤 약속이 있어요.

2   We had dinner together (late / yesterday). 우리는 어제 함께 저녁을 먹었어요.

3   He will be a doctor in the (future / present). 그는 미래에 의사가 될 거예요.

4   They will meet me at (future / noon). 그들은 정오에 나를 만날 거예요.

5   He went out (tomorrow / early) in the morning. 그는 아침 일찍 외출했어요.

6   She doesn't work (tomorrow / tonight). 그녀는 내일 근무하지 않아요.

7   The comedy show is on (yesterday / today). 그 코미디 쇼는 오늘 방송돼요.

8   Do not eat (late / noon) at night. 밤늦게 먹지 마세요.

9   At (past / present), the store sells 100 items. 현재 그 가게는 100개의 물건을 팔아요.

10 Stop worrying about the (past / early). 과거는 그만 걱정하세요.

 주어진 단어를 활용해 문장을 완성해 보세요.

I went to bed _____ last night.
어젯밤에는 일찍 잠자리에 들었나요, 늦게 잠자리에 들었나요?

I usually have lunch at _____.
점심을 주로 언제 먹나요?

The _____ is the most important to me.
과거, 현재, 미래 중 무엇이 제일 중요한가요?

I have plans with friends _____.
언제 친구와 약속이 있나요?

I have a club activity _____.
언제 클럽 활동이 있나요?

★Time★
• early
• late
• noon
• tonight
• today
• tomorrow
• yesterday
• present
• past
• future

Direction 방향

듣고 따라하는
원어민 발음

⭐ 그림을 보며 단어를 익힌 후, 빈칸에 단어를 따라 써 보세요. 🎧20

left
왼쪽

left

right
오른쪽

right

straight
똑바로

straight

away
떨어져

away

up
위로

up

down
아래로

down

east
동쪽

east

west
서쪽

west

south
남쪽

south

north
북쪽

north

85

그림을 보고, 빈칸에 알맞은 말을 써넣으세요.

1

_____ on your _____

He is on your _____.

그는 당신의 왼쪽에 있어요.

2

on your _____

He is on your _____.

그는 당신의 오른쪽에 있어요.

3

go _____

Go _____ along the river.

강을 따라 곧장 가세요.

4

stay _____

Stay _____ from the fire.

불에서 멀리 떨어져 있어요.

5

walk _____

I walk _____ the stairs.

나는 계단을 걸어 올라가요.

6

walk _____

I walk _____ the stairs.

나는 계단을 걸어 내려가요.

7

_____ in the _____

The sun rises in the _____.

해가 동쪽에서 떠요.

8

_____ in the _____

The sun sets in the _____.

해가 서쪽으로 져요.

9

_____ from north to _____

I travel from north to _____.

나는 북쪽에서 남쪽으로 여행을 해요.

10

_____ from south to _____

I travel from south to _____.

나는 남쪽에서 북쪽으로 여행을 해요.

B 그림을 보고, 알파벳을 연결하여 낱말을 완성한 후 빈칸에 써넣으세요.

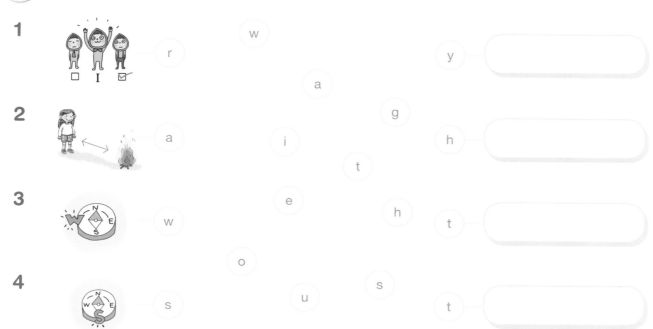

1

2

3

4

C 그림에 알맞은 낱말을 퍼즐에서 찾아 ○표 하고, 해당하는 그림과 연결하세요.

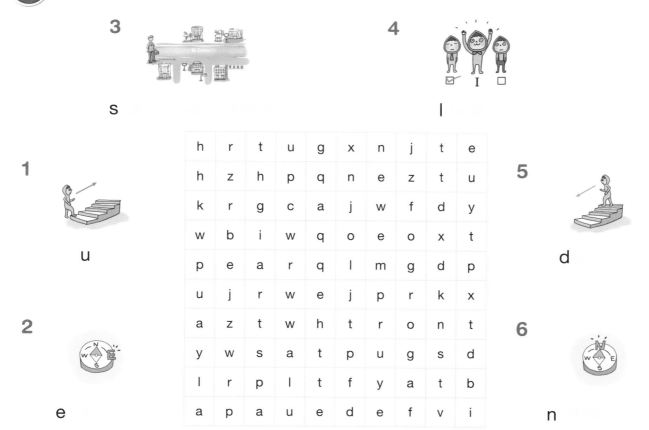

3

s

4

l

1

u

h	r	t	u	g	x	n	j	t	e
h	z	h	p	q	n	e	z	t	u
k	r	g	c	a	j	w	f	d	y
w	b	i	w	q	o	e	o	x	t
p	e	a	r	q	l	m	g	d	p
u	j	r	w	e	j	p	r	k	x
a	z	t	w	h	t	r	o	n	t
y	w	s	a	t	p	u	g	s	d
l	r	p	l	t	f	y	a	t	b
a	p	a	u	e	d	e	f	v	i

5

d

2

e

6

n

D 문장을 읽고, 알맞은 단어에 ○표 하세요.

1 She lives far (away / straight) from home.

그녀는 집에서 멀리 떨어져 살아요.

2 He drove to the (west / east) side.

그는 동쪽으로 차를 몰아갔어요.

3 Which way is the (north / south)?

어느 방향이 북쪽인가요?

4 Turn (left / right) and you will find a bank.

우회전하면 은행이 보일 거예요.

5 We walked (down / away) the street.

우리는 길을 따라 걸었어요.

6 Brazil is the biggest in (South / North) America.

브라질은 남아메리카에서 가장 커요.

7 Go (up / straight) and turn left at the corner.

똑바로 가서 모퉁이에서 왼쪽으로 도세요.

8 Walk two blocks and make a (left / right).

두 블록 걸어가서 왼쪽으로 도세요.

9 Pull (down / up) your socks.

양말을 위로 잡아당겨서 신으세요.

10 The wind blows from the (west / south).

바람이 서쪽에서 불어요.

E 주어진 단어를 활용해 문장을 완성해 보세요.

I mostly use my _____ hand.

주로 어느 쪽 손을 사용하나요?

It is in the _____ of Korea.

강원도는 우리나라의 어느 쪽에 위치해 있나요?

It is in the _____ of Korea.

제주도는 우리나라의 어느 쪽에 위치해 있나요?

Pusan is far _____ from Seoul.

부산은 서울과 거리가 어떤가요?

Smoke from a chimney goes _____.

굴뚝의 연기는 어느 방향으로 향하나요?

★ **Direction** ★
- left
- right
- straight
- away
- up
- down
- east
- west
- south
- north

⭐ 그림을 보며 단어를 익힌 후, 빈칸에 단어를 따라 써 보세요. 🎧21

first
첫 번째의

first

second
두 번째의

second

third
세 번째의

third

fourth
네 번째의

fourth

fifth
다섯 번째의

fifth

sixth
여섯 번째의

sixth

seventh
일곱 번째의

seventh

eighth
여덟 번째의

eighth

ninth
아홉 번째의

ninth

tenth
열 번째의

tenth

그림을 보고, 빈칸에 알맞은 말을 써넣으세요.

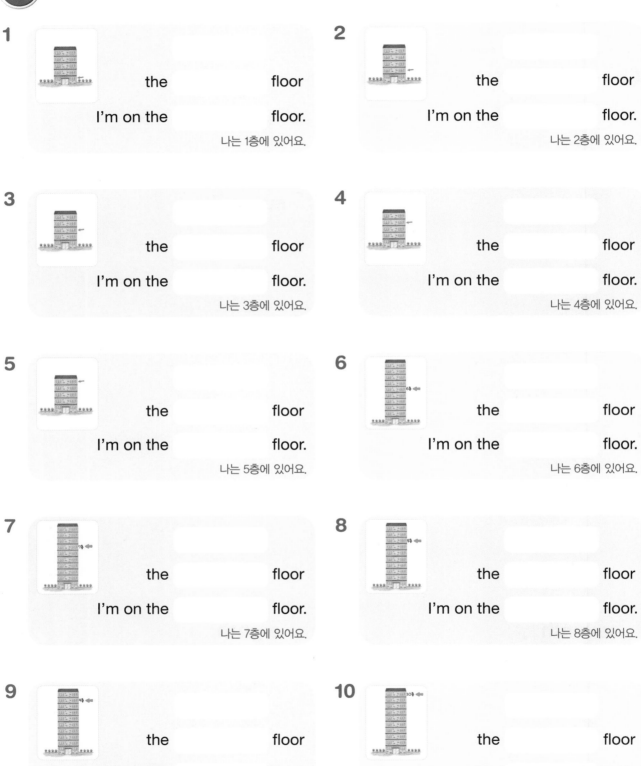

1

the _____ floor

I'm on the _____ floor.

나는 1층에 있어요.

2

the _____ floor

I'm on the _____ floor.

나는 2층에 있어요.

3

the _____ floor

I'm on the _____ floor.

나는 3층에 있어요.

4

the _____ floor

I'm on the _____ floor.

나는 4층에 있어요.

5

the _____ floor

I'm on the _____ floor.

나는 5층에 있어요.

6

the _____ floor

I'm on the _____ floor.

나는 6층에 있어요.

7

the _____ floor

I'm on the _____ floor.

나는 7층에 있어요.

8

the _____ floor

I'm on the _____ floor.

나는 8층에 있어요.

9

the _____ floor

I'm on the _____ floor.

나는 9층에 있어요.

10

the _____ floor

I'm on the _____ floor.

나는 10층에 있어요.

B 그림에 해당하는 낱말을 바르게 쓰고, ○안에 알맞은 알파벳을 쓰세요.

1

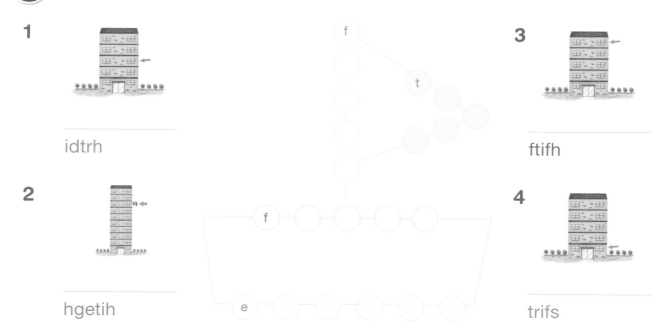

idtrh

2

hgetih

3

ftifh

4

trifs

C 그림에 알맞은 낱말을 퍼즐에서 찾아 ○표 하고, 해당하는 그림과 연결하세요.

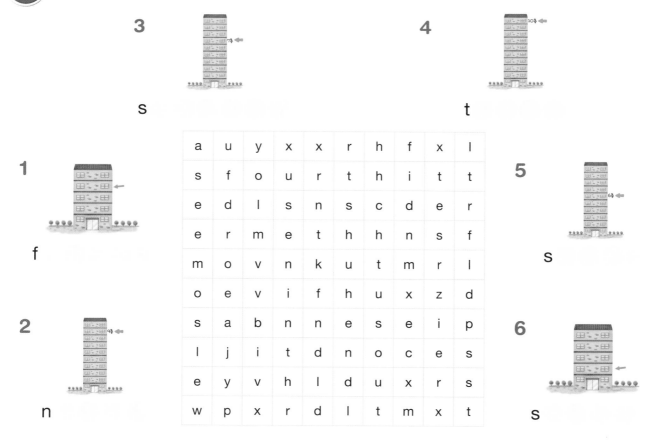

3

s

4

t

1

f

2

n

a	u	y	x	x	r	h	f	x	l
s	f	o	u	r	t	h	i	t	t
e	d	l	s	n	s	c	d	e	r
e	r	m	e	t	h	h	n	s	f
m	o	v	n	k	u	t	m	r	l
o	e	v	i	f	h	u	x	z	d
s	a	b	n	n	e	s	e	i	p
l	j	i	t	d	n	o	c	e	s
e	y	v	h	l	d	u	x	r	s
w	p	x	r	d	l	t	m	x	t

5

s

6

s

D 문장을 읽고, 알맞은 단어에 ○표 하세요.

1 I have an appointment on May (eighth / fourth). 나는 5월 8일에 약속이 있어요.

2 He is writing his (seventh / fifth) novel. 그는 그의 다섯 번째 소설을 쓰고 있어요.

3 She is sitting in the (second / fifth) row. 그녀는 두 번째 줄에 앉아 있어요.

4 I live on the (seventh / ninth) floor. 나는 7층에 살아요.

5 She won (second / first) prize. 그녀는 1등 상을 탔어요.

6 I'm the (third / fourth) child in my family. 나는 우리 집에서 넷째예요.

7 June (sixth / eighth) is my birthday. 6월 6일은 내 생일이에요.

8 September is the (ninth / sixth) month of the year. 9월은 1년 중 아홉 번째 달이에요.

9 Today is my (first / tenth) wedding anniversary. 오늘은 나의 결혼 10주년이 되는 날이에요.

10 We are in the (tenth / third) grade at school. 우리는 3학년이에요.

E 주어진 단어를 활용해 문장을 완성해 보세요.

I'm the _____ child in my family.
우리 집에서 형제 중 몇 번째인가요?

July is the _____ month of the year.
7월은 1년 중 몇 번째 달인가요?

My classroom is on the _____ floor.
우리 반 교실은 몇 층에 있나요?

I'm in the _____ grade at school.
지금 몇 학년인가요?

I came _____ in the race.
가장 최근의 달리기 시합에서 몇 등을 했나요?

★ **First** ★
- first
- second
- third
- fourth
- fifth
- sixth
- seventh
- eighth
- ninth
- tenth

Pets 애완동물

★ 그림을 보며 단어를 익힌 후, 빈칸에 단어를 따라 써 보세요. 🎧22

DAY 22

fur
fur
털

tail
tail
꼬리

beak
beak
부리

fin
fin
지느러미

home
home
집

special
special
특별한

cute
cute
귀여운

want
want
~을 원하다

keep
keep
기르다, 키우다

feed
feed
~에게 먹이를 주다

그림을 보고, 빈칸에 알맞은 말을 써넣으세요.

1

has white

My dog has white _____ .

우리 강아지는 흰 털을 가지고 있어요.

2

has a

The lion has a _____ .

사자는 꼬리가 있어요.

3

has a

The penguin has a _____ .

펭귄은 부리가 있어요.

4

have _____ s

Fish have _____ s.

물고기들은 지느러미가 있어요.

5

at

I keep a pet at _____ .

나는 집에서 애완동물을 키워요.

6

_____ to me

This dog is _____ to me.

이 강아지는 나에게 특별해요.

7

is

The rabbit is _____ .

토끼는 귀여워요.

8

_____ to keep a cat

I _____ to keep a cat.

나는 고양이를 키우고 싶어요.

9

_____ a rabbit

I _____ a rabbit.

나는 토끼를 키워요.

10

_____ the fish

I _____ the fish.

나는 물고기에게 먹이를 줘요.

B 그림을 보고, 알파벳을 연결하여 낱말을 완성한 후 빈칸에 써넣으세요.

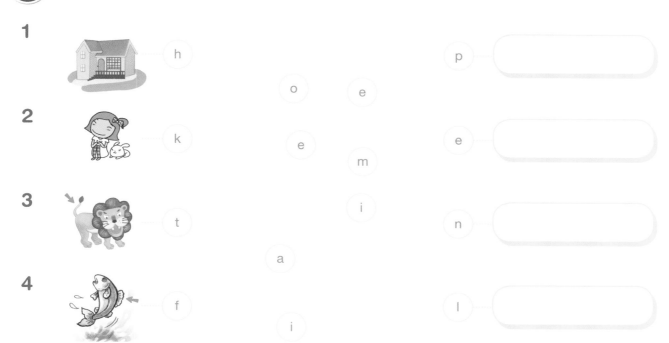

1   h   p

        o   e

2   k   e   e

                m

3   t   i   n

        a

4   f   l

        i

C 그림에 알맞은 낱말을 퍼즐에서 찾아 ○표 하고, 해당하는 그림과 연결하세요.

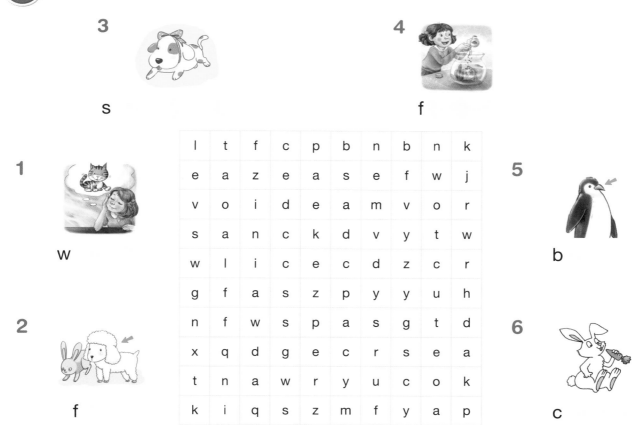

3

s

4

f

1

w

2

f

l	t	f	c	p	b	n	b	n	k
e	a	z	e	a	s	e	f	w	j
v	o	i	d	e	a	m	v	o	r
s	a	n	c	k	d	v	y	t	w
w	l	i	c	e	c	d	z	c	r
g	f	a	s	z	p	y	y	u	h
n	f	w	s	p	a	s	g	t	d
x	q	d	g	e	c	r	s	e	a
t	n	a	w	r	y	u	c	o	k
k	i	q	s	z	m	f	y	a	p

5

b

6

c

D 문장을 읽고, 알맞은 단어에 ○표 하세요.

1 I got a (special / cute) gift today.

나는 오늘 특별한 선물을 받았어요.

2 My little sister is very (cute / fur).

내 여동생은 매우 귀여워요.

3 My brother is at (special / home) now.

우리 오빠는 지금 집에 있어요.

4 She touched the rabbit's soft (home / fur).

그녀는 토끼의 부드러운 털을 만졌어요.

5 He (feeds / keeps) a pet at home.

그는 집에서 애완동물을 키워요.

6 My dog has a short (fin / tail).

우리 개는 꼬리가 짧아요.

7 The pelican has a funny (beak / tail).

펠리컨은 우스꽝스러운 부리를 가지고 있어요.

8 I saw the (tails / fins) of a shark.

나는 상어의 지느러미를 보았어요.

9 I (want / beak) to keep a pet.

나는 애완동물을 키우기를 원해요.

10 She (keeps / feeds) her dog every day.

그녀는 매일 강아지에게 먹이를 줘요.

E 주어진 단어를 활용해 문장을 완성해 보세요.

A bird has a _____.

다른 동물에는 없고 새에게만 있는 것은 무엇인가요?

Dogs and cats have _____.

개나 고양이의 몸을 감싸고 있는 것은 무엇인가요?

Fish swim with their _____.

물고기는 무엇을 이용해서 헤엄치나요?

I think they are _____.

애완동물을 보면 어떤 생각이 드나요?

We _____ our pets.

애완동물에게 무엇을 해 주나요?

★ **Pets** ★
• fur
• tail
• beak
• fin
• home
• special
• cute
• want
• keep
• feed

⭐ 그림을 보며 단어를 익힌 후, 빈칸에 단어를 따라 써 보세요. 🎧23

problem
문제

problem

communicate
대화를 하다

communicate

both
둘 다

both

give
~을 주다

give

take
받다, 취하다, 잡다

take

agree
동의하다

agree

change
~을 바꾸다

change

fight
싸우다

fight

phone
전화, 전화를 하다
= telephone

phone

talk
이야기하다

talk

1

solve the

I solve the _____.

나는 문제를 풀어요.

2

with them

I _____ with them.

나는 그들과 대화를 나눠요.

3

_____ players

I love _____ players.

나는 두 선수 다 좋아해요.

4

_____ flowers to her

I _____ flowers to her.

나는 그녀에게 꽃을 주어요.

5

_____ it

I will _____ it.

그것으로 할게요.

6

_____ with

I _____ with you.

나는 당신의 의견에 동의해요.

7

_____ my mind

I _____ my mind.

나는 마음을 바꿔요.

8

_____ with people

Don't _____ with people.

사람들과 싸우지 마세요.

9

use your

Can I use your _____?

당신의 전화를 사용해도 될까요?

10

_____ about it

Let's _____ about it.

그것에 대해 이야기해 보자.

B 그림에 해당하는 낱말을 바르게 쓰고, ○안에 알맞은 알파벳을 쓰세요.

1

raege

2

ktla

3

gtfih

4

tumcmoicean

C 그림에 알맞은 낱말을 퍼즐에서 찾아 ○표 하고, 해당하는 그림과 연결하세요.

3

c

4

p

1

p

2

t

5

b

6

g

e	y	c	a	o	e	p	z	m	u
u	g	u	s	e	l	r	c	e	q
m	v	n	n	t	x	o	b	h	g
g	n	o	a	d	h	b	h	t	w
u	h	s	l	h	r	l	s	o	c
p	e	k	a	t	c	e	g	b	p
b	q	u	t	g	t	m	t	j	n
j	e	j	x	e	i	d	p	r	t
q	y	x	l	r	s	v	f	v	w
l	g	g	e	e	j	b	e	p	r

D 문장을 읽고, 알맞은 단어에 ○표 하세요.

1 I (gave / talked) gifts to our parents on Parents' Day.   나는 어버이날에 부모님께 선물을 드렸어요.

2 I love (change / both) of them.   나는 둘 다 좋아요.

3 We talked about the (problem / both).   우리는 그 문제에 대해 이야기했어요.

4 I often (give / communicate) with my friends by email.   나는 자주 친구들과 이메일로 대화해요.

5 They (fight / phone) all the time.   그들은 늘 다퉈요.

6 I don't (communicate / agree) with you.   나는 당신의 의견에 동의하지 않아요.

7 I (phoned / changed) Tom early in the morning.   나는 아침 일찍 톰에게 전화했어요.

8 We (agreed / changed) the topic.   우리는 화제를 바꿨어요.

9 I'll (fight / take) the phone.   내가 전화를 받을게요.

10 They are (talking / taking) in English.   그들은 영어로 이야기하고 있어요.

 E 주어진 단어를 활용해 문장을 완성해 보세요.

I use phones and emails to _____.
전화기나 이메일은 어떤 목적에 사용하나요?

I say, "I _____ with you."
다른 사람의 의견에 동의할 때 뭐라고 말하나요?

I _____ the phone.
전화벨이 울릴 때 여러분은 어떻게 하나요?

I _____ over the problem.
친구들과 의견 차이가 있을 때 어떤 일이 생길 수 있나요?

I _____ the topic.
대화 도중 다른 이야기를 하고 싶을 때 어떻게 하나요?

★ **Conversation** ★
• problem
• communicate
• both
• give
• take
• agree
• change
• fight
• phone
• talk

DAY 24 Mail 우편

듣고 따라하는
원어민 발음

⭐ 그림을 보며 단어를 익힌 후, 빈칸에 단어를 따라 써 보세요. 🎧24

name
이름

name

address
주소

address

stamp
우표

stamp

mail
우편, 우편물

mail

letter
편지

letter

parcel
소포

parcel

pack
포장하다, 싸다

pack

send
~을 보내다

send

deliver
배달하다

deliver

receive
~을 받다

receive

101

그림을 보고, 빈칸에 알맞은 말을 써넣으세요.

1

your

What is your _____?

당신의 이름은 무엇인가요?

2

your

What is your _____?

주소가 어떻게 되세요?

3

collect _____s

I collect _____s.

나는 우표를 수집해요.

4

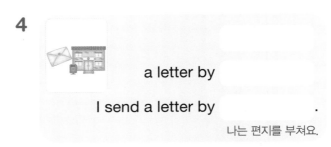

a letter by _____

I send a letter by _____.

나는 편지를 부쳐요.

5

write a _____

I write a _____.

나는 편지를 써요.

6

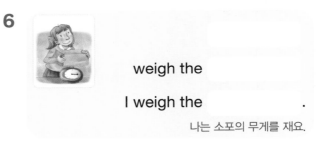

weigh the _____

I weigh the _____.

나는 소포의 무게를 재요.

7

_____ the box

I _____ the box.

나는 상자를 포장해요.

8

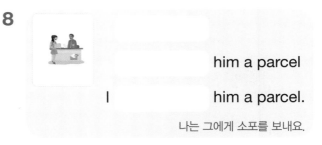

_____ him a parcel

I _____ him a parcel.

나는 그에게 소포를 보내요.

9

_____ a parcel

I _____ a parcel.

나는 소포를 배달해요.

10

_____ a parcel

I _____ a parcel.

나는 소포를 받아요.

B 그림을 보고, 알파벳을 연결하여 낱말을 완성한 후 빈칸에 써넣으세요.

C 그림에 알맞은 낱말을 퍼즐에서 찾아 ○표 하고, 해당하는 그림과 연결하세요.

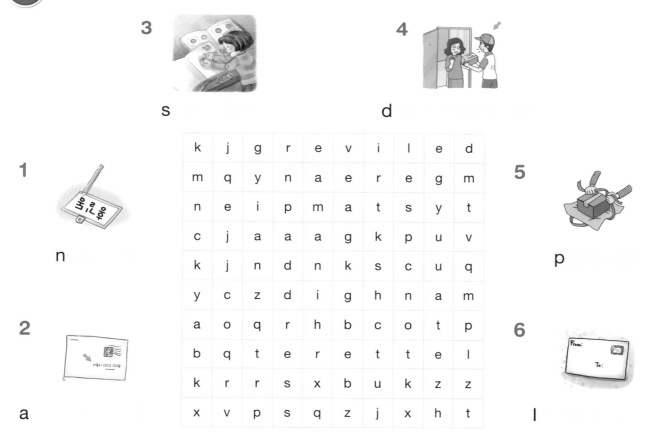

D 문장을 읽고, 알맞은 단어에 ○표 하세요.

1 I received some (mail / stamp) today.

나는 오늘 우편물을 받았어요.

2 A mailman (received / delivered) a package.

집배원이 소포를 배달했어요.

3 What is your dog's (letter / name)?

당신의 강아지의 이름은 무엇인가요?

4 I received a (letter / stamp) from a friend.

나는 친구로부터 편지 한 통을 받았어요.

5 The boy bought a (parcel / stamp).

소년은 우표 한 장을 샀어요.

6 I wrote an (address / mail) on the envelope.

나는 편지 봉투에 주소를 썼어요.

7 The girl (delivered / packed) the parcel.

소녀는 소포를 포장했어요.

8 Did you (send / pack) a letter to your friend?

당신은 친구에게 편지를 보냈나요?

9 He sent a (address / parcel) to his mother.

그는 어머니에게 소포를 보냈어요.

10 She (received / packed) a pretty card.

그녀는 예쁜 카드를 받았어요.

E 주어진 단어를 활용해 문장을 완성해 보세요.

I _____ a letter to a friend.

친구에게 소식을 전하고 싶을 때 무엇을 하나요?

They _____ mail.

우편배달부가 하는 일은 무엇인가요?

I wrote the wrong _____ on my package.

소포가 잘못 배달되는 이유는 무엇인가요?

I _____ a package.

소포에 주소와 이름을 쓰기 전에 무엇을 하나요?

I put a _____ on an envelope.

우편물을 보낼 때 붙이는 것은 무엇인가요?

★ Mail ★

- name
- address
- stamp
- mail
- letter
- parcel
- pack
- send
- deliver
- receive

Lesson 수업

듣고 따라하는
원어민 발음

⭐ 그림을 보며 단어를 익힌 후, 빈칸에 단어를 따라 써 보세요. 🎧25

idea
생각, 의견

idea

word
낱말, 단어

word

sentence
문장

sentence

story
이야기

story

ask
묻다, 질문하다

ask

answer
대답하다, 대답

answer

spell
철자를 쓰다

spell

repeat
반복하다

repeat

practice
연습하다, 연습

practice

understand
~을 이해하다

understand

105

A 그림을 보고, 빈칸에 알맞은 말을 써넣으세요.

1

a good

That's a good   .

그것은 좋은 생각이에요.

2

an easy

It is an easy   .

그것은 쉬운 낱말이에요.

3

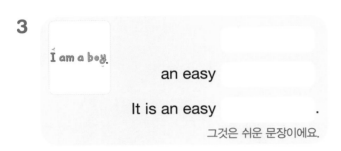

an easy

It is an easy   .

그것은 쉬운 문장이에요.

4

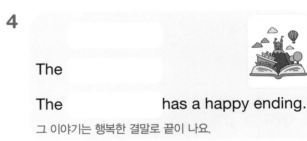

The

The   has a happy ending.

그 이야기는 행복한 결말로 끝이 나요.

5

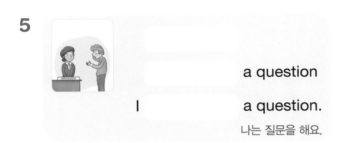

a question

I   a question.

나는 질문을 해요.

6

the question

I   the question.

나는 질문에 대답을 해요.

7

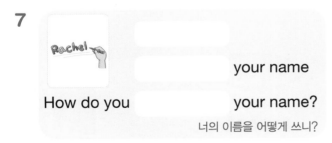

your name

How do you   your name?

너의 이름을 어떻게 쓰니?

8

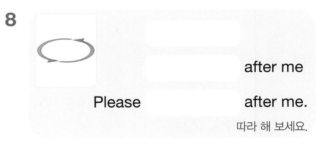

after me

Please   after me.

따라 해 보세요.

9

baseball

I   baseball.

나는 야구 연습을 해요.

10

do you

Do you   me?

내 말을 이해하겠니?

B 그림에 해당하는 낱말을 바르게 쓰고, ○안에 알맞은 알파벳을 쓰세요.

1

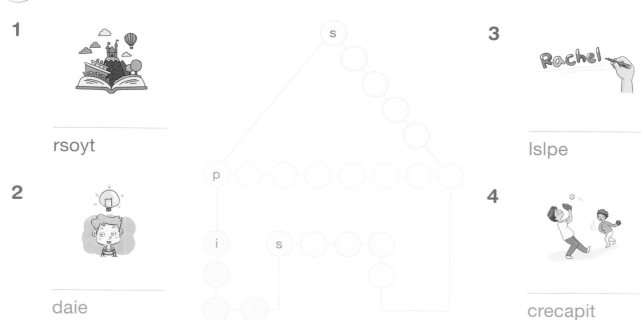

rsoyt

2

daie

3

lslpe

4

crecapit

C 그림에 알맞은 낱말을 퍼즐에서 찾아 ○표 하고, 해당하는 그림과 연결하세요.

3

u

4

w

g	n	r	u	s	w	k	g	t	w
o	j	e	n	l	d	r	o	w	e
t	f	p	d	e	i	a	r	o	k
m	a	e	e	t	i	c	e	j	v
k	q	a	r	o	n	i	w	i	j
e	j	t	s	p	s	d	s	o	k
b	e	m	t	t	l	b	n	s	k
i	d	n	a	s	y	v	a	s	c
f	s	e	n	t	e	n	c	e	v
s	e	c	d	d	t	n	e	s	j

1

r

2

s

5

a

6

a

D 문장을 읽고, 알맞은 단어에 ○표 하세요.

1 Do you (understand / practice) Korean?

당신은 한국말을 알아들을 수 있나요?

2 He told me a (word / story).

그는 나에게 한 편의 이야기를 들려주었어요.

3 I can (spell / repeat) that word.

나는 그 단어의 철자를 쓸 수 있어요.

4 The child learns an English (idea / word) a day.

그 아이는 하루에 한 개의 영어 단어를 배워요.

5 I don't want to (repeat / spell) it.

나는 그것을 반복하기 싫어요.

6 She wrote a (story / sentence) on the notebook.

그녀는 노트에 문장 하나를 썼어요.

7 Do you have a good (idea / sentence)?

당신은 좋은 생각이 있나요?

8 She gave me an (idea / answer).

그녀는 나에게 대답을 해 주었어요.

9 He (asked / answered) me a question.

그는 나에게 질문을 했어요.

10 The students (understand / practice) English every day.

학생들은 매일 영어를 연습해요.

E 주어진 단어를 활용해 문장을 완성해 보세요.

My parents read me a _____ every night.

어렸을 때 부모님께서 매일 해 주셨던 것에는 무엇이 있나요?

I _____ many questions.

우리는 궁금한 것이 있을 때는 무엇을 하나요?

They are _____.

영어에서 대문자로 시작해서 마침표로 끝나는 것은 무엇인가요?

I _____ English every day.

우리는 영어를 잘하기 위해서 어떻게 하나요?

They all express _____.

단어, 문장, 이야기는 모두 무엇을 나타내나요?

★ **Lesson** ★
- idea
- word
- sentence
- story
- ask
- answer
- spell
- repeat
- practice
- understand

Bank 은행

듣고 따라하는
원어민 발음

 그림을 보며 단어를 익힌 후, 빈칸에 단어를 따라 써 보세요. 🎧26

downtown
시내에, 시내

downtown

money
돈

money

gold
금, 금의

gold

silver
은, 은의

silver

rich
부자의, 부유한

rich

poor
가난한

poor

count
세다

count

exchange
교환하다

exchange

borrow
～을 빌리다

borrow

save
～을 저축하다, 구하다

save

109

그림을 보고, 빈칸에 알맞은 말을 써넣으세요.

1

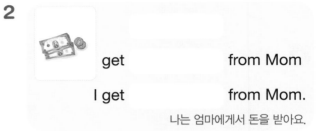

go

I go _____ .

나는 시내에 가요.

2

get _____ from Mom

I get _____ from Mom.

나는 엄마에게서 돈을 받아요.

3

some _____

I have some _____ .

나는 금이 조금 있어요.

4

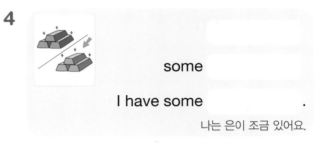

some _____

I have some _____ .

나는 은이 조금 있어요.

5

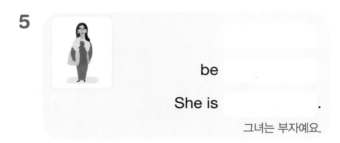

be _____

She is _____ .

그녀는 부자예요.

6

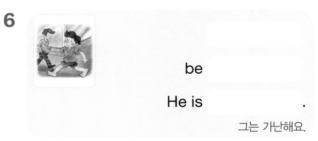

be _____

He is _____ .

그는 가난해요.

7

_____ from 1 to 10

Let's _____ from 1 to 10.

1에서 10까지 세어 보자.

8

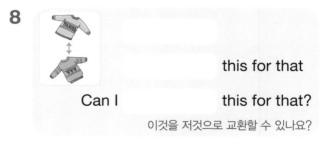

_____ this for that

Can I _____ this for that?

이것을 저것으로 교환할 수 있나요?

9

_____ an eraser

I _____ an eraser.

나는 지우개를 빌려요.

10

_____ money

I _____ money.

나는 돈을 저축해요.

B 그림을 보고, 알파벳을 연결하여 낱말을 완성한 후 빈칸에 써넣으세요.

1   p   o   v   e

2   s   a   o   r

3   m   o   e   n   d

4   g   o   l   y

C 그림에 알맞은 낱말을 퍼즐에서 찾아 ○표 하고, 해당하는 그림과 연결하세요.

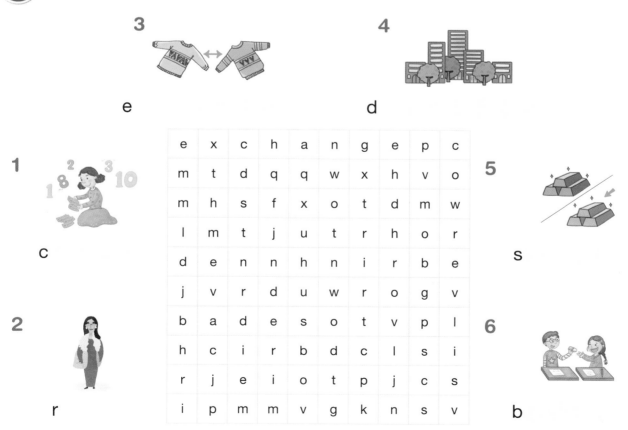

3   e

4   d

e	x	c	h	a	n	g	e	p	c
m	t	d	q	q	w	x	h	v	o
m	h	s	f	x	o	t	d	m	w
l	m	t	j	u	t	r	h	o	r
d	e	n	n	h	n	i	r	b	e
j	v	r	d	u	w	r	o	g	v
b	a	d	e	s	o	t	v	p	l
h	c	i	r	b	d	c	l	s	i
r	j	e	i	o	t	p	j	c	s
i	p	m	m	v	g	k	n	s	v

1   c

2   r

5   s

6   b

D 문장을 읽고, 알맞은 단어에 ○표 하세요.

1 Once there was a (poor / downtown) man.
옛날에 한 가난한 남자가 살았어요.

2 The cup was made of (silver / gold).
그 컵은 은으로 만들어졌어요.

3 He made a crown with (silver / gold).
그는 금으로 왕관을 만들었어요.

4 The old man was (money / rich).
그 노인은 부자였어요.

5 We (exchanged / borrowed) gifts.
우리는 선물을 교환했어요.

6 She went (poor / downtown) this morning.
그녀는 오늘 아침 시내에 갔어요.

7 I (borrowed / exchanged) some money from my friend.
나는 친구에게 돈을 조금 빌렸어요.

8 She gave some (rich / money) to the boy.
그녀는 소년에게 돈을 조금 주었어요.

9 I (saved / counted) the eggs in the basket.
나는 바구니에 있는 계란을 세었어요.

10 He is (saving / counting) money to buy a toy.
그는 장난감을 사기 위해서 돈을 모으고 있어요.

E 주어진 단어를 활용해 문장을 완성해 보세요.

They are in _____ area.
쇼핑몰, 극장 등은 주로 어디에 있나요?

We need _____.
물건을 구입할 때 필요한 것은 무엇인가요?

They are called _____ people.
빌 게이츠와 같은 사람들은 뭐라고 불리나요?

I can _____ books from a library.
도서관에서 할 수 있는 일은 무엇인가요?

I _____ money.
나중에 사고 싶은 물건이 있을 때 무엇을 하나요?

★Bank★
• downtown
• money
• gold
• silver
• rich
• poor
• count
• exchange
• borrow
• save

Event 행사

듣고 따라하는
원어민 발음

⭐ 그림을 보며 단어를 익힌 후, 빈칸에 단어를 따라 써 보세요. 🎧27

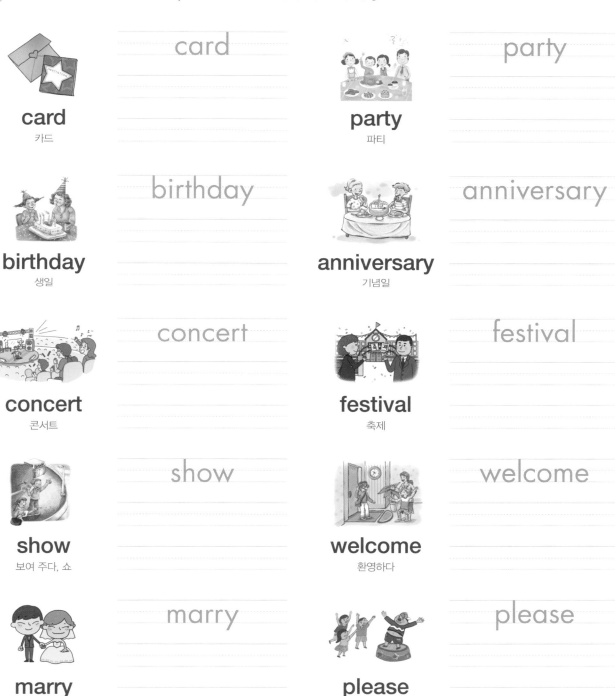

card
카드

card

party
파티

party

birthday
생일

birthday

anniversary
기념일

anniversary

concert
콘서트

concert

festival
축제

festival

show
보여 주다, 쇼

show

welcome
환영하다

welcome

marry
~와 결혼하다

marry

please
기쁘게 하다

please

113

그림을 보고, 빈칸에 알맞은 말을 써넣으세요.

1

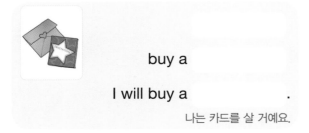

buy a

I will buy a ____ .

나는 카드를 살 거예요.

2

have a

Let's have a ____ .

파티를 열자.

3

my

Today is my ____ .

오늘은 내 생일이에요.

4

wedding

Today is our wedding ____ .

오늘은 우리의 결혼기념일이에요.

5

go to the

I will go to the ____ tonight.

오늘 밤에 콘서트에 갈 거예요.

6

the school

When is the school ____ ?

학교 축제는 언제인가요?

7

____ me the way

Will you ____ me the way?

제게 길을 알려 주실래요?

8

him

I ____ him.

나는 그를 환영해요.

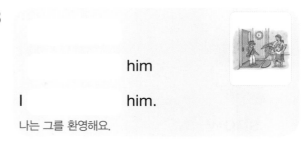

9

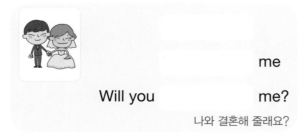

____ me

Will you ____ me?

나와 결혼해 줄래요?

10

them

them

I ____ them.

나는 그들을 기쁘게 해요.

114

B 그림에 해당하는 낱말을 바르게 쓰고, ○안에 알맞은 알파벳을 쓰세요.

1

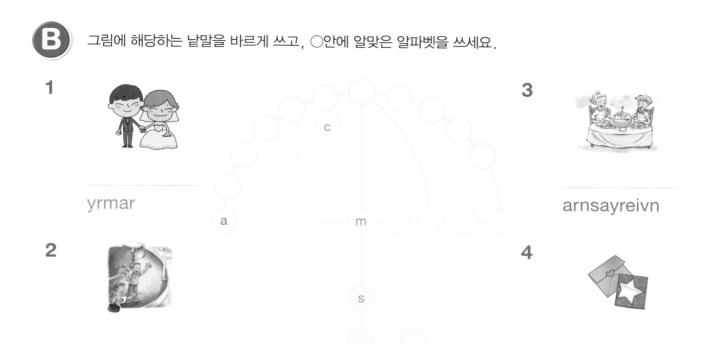

yrmar

2

wsoh

3

arnsayreivn

4

darc

C 그림에 알맞은 낱말을 퍼즐에서 찾아 ○표 하고, 해당하는 그림과 연결하세요.

3

b

4

w

1

p

2

f

y	b	e	m	o	c	l	e	w	t
y	k	i	i	c	e	h	x	g	r
f	f	d	r	p	a	h	l	d	e
x	e	t	c	t	w	p	u	v	c
f	s	s	h	w	h	x	h	s	n
m	a	r	t	d	y	d	q	q	o
a	e	w	b	i	g	a	a	c	c
c	l	t	r	y	v	w	a	y	d
a	p	l	k	w	p	a	r	t	y
q	k	b	l	f	z	f	l	x	g

5

c

6

p

115

문장을 읽고, 알맞은 단어에 ○표 하세요.

1 When is your (birthday / show)?   당신의 생일은 언제인가요?

2 (Card / Welcome) home!   집에 온 것을 환영해요!

3 We can hold a (party / festival).   우리는 파티를 열 수 있어요.

4 She went to the (festival / anniversary).   그녀는 축제에 갔어요.

5 The (concert / welcome) was amazing.   콘서트는 놀라웠어요.

6 The event will (please / show) everybody.   그 행사는 모두를 즐겁게 할 거예요.

7 Today is the10th (anniversary / concert) of the store.   오늘은 그 상점의 10주년 기념일이에요.

8 He (pleased / married) her a year ago.   그는 그녀와 일 년 전에 결혼했어요.

9 He sent me a (birthday / card).   그는 나에게 카드를 보냈어요.

10 The (party / show) is three hours long.   쇼는 세 시간짜리예요.

 주어진 단어를 활용해 문장을 완성해 보세요.

I have a _____ with friends.
생일 때 친구들과 무엇을 하나요?

Happy _____!
생일을 맞은 친구에게 하는 인사말은 무엇인가요?

I like going to a _____.
좋아하는 행사에는 무엇이 있나요?

I can watch my favorite _____.
텔레비전에서 무엇을 볼 수 있나요?

_____!
우리 집에 찾아온 손님에게 주로 하는 인사말은 무엇인가요?

★ Event ★
• card
• party
• birthday
• anniversary
• concert
• festival
• show
• welcome
• marry
• please

DAY 28 Quantity 수량

듣고 따라하는
원어민 발음

⭐ 그림을 보며 단어를 익힌 후, 빈칸에 단어를 따라 써 보세요. 🎧28

all
모든, 모두

all

most
대부분의, 대부분

most

many
(수가) 많은

many

much
(양이) 많은

much

few
(수가) 거의 없는
a few 약간의
거의 없는
약간 있는

few

little
(양이) 거의 없는
a little 약간의
거의 없는
약간 있는

little

half
반, 2분의 1

half

enough
충분한

enough

empty
빈, 비어 있는

empty

fill
~을 채우다

fill

A 그림을 보고, 빈칸에 알맞은 말을 써넣으세요.

1

has　　　countries

The map has　　　countries.

지도에는 모든 나라가 있어요.

2
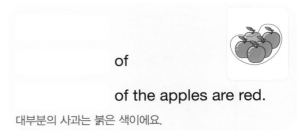

of

of the apples are red.

대부분의 사과는 붉은 색이에요.

3
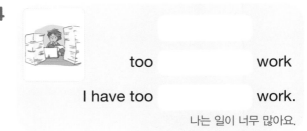

stars

There are　　　stars in the sky.

하늘에는 별이 많아요.

4

too　　　work

I have too　　　work.

나는 일이 너무 많아요.

5

books

There are　　　books.

책이 거의 없어요.

6

water

There is　　　water.

물이 거의 없어요.

7
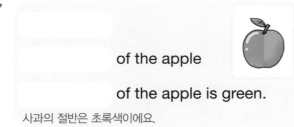

of the apple

of the apple is green.

사과의 절반은 초록색이에요.

8
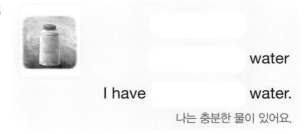

water

I have　　　water.

나는 충분한 물이 있어요.

9
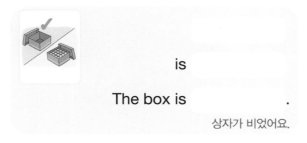

is

The box is　　　.

상자가 비었어요.

10
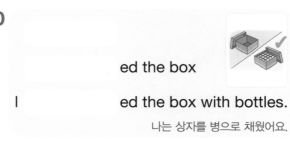

ed the box

I　　　ed the box with bottles.

나는 상자를 병으로 채웠어요.

118

B 그림을 보고, 알파벳을 연결하여 낱말을 완성한 후 빈칸에 써넣으세요.

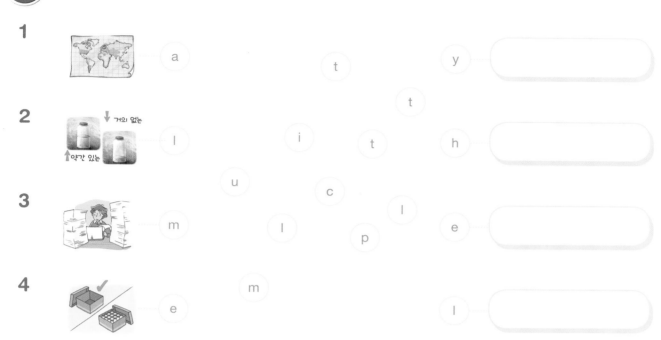

1

a   t   y

2

t

l   i   t   h

u   c

3

m   l   l   e

p

4

m

e   l

C 그림에 알맞은 낱말을 퍼즐에서 찾아 ○표 하고, 해당하는 그림과 연결하세요.

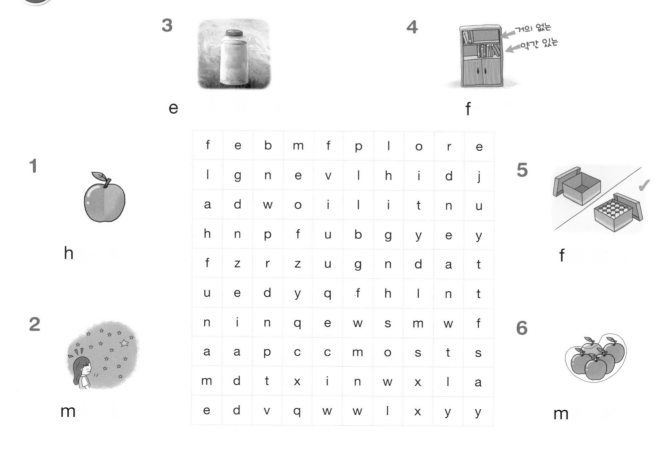

3

e

4

f

1

h

2

m

f	e	b	m	f	p	l	o	r	e
l	g	n	e	v	l	h	i	d	j
a	d	w	o	i	l	i	t	n	u
h	n	p	f	u	b	g	y	e	y
f	z	r	z	u	g	n	d	a	t
u	e	d	y	q	f	h	l	n	t
n	i	n	q	e	w	s	m	w	f
a	a	p	c	c	m	o	s	t	s
m	d	t	x	i	n	w	x	l	a
e	d	v	q	w	w	l	x	y	y

5

f

6

m

문장을 읽고, 알맞은 단어에 ○표 하세요.

1 Please (much / fill) the cup with water.

컵에 물을 채우세요.

2 There are some (few / empty) plates.

몇 개의 빈 접시가 있어요.

3 He ate one (many / half) of the cake.

그는 케이크 반 개를 먹었어요.

4 (All / Enough) the students are in the classroom.

모든 학생들이 교실에 있어요.

5 There wasn't (half / much) food at the party.

파티에는 음식이 별로 없었어요.

6 I love (most / little) foods.

나는 대부분의 음식을 좋아해요.

7 There are (many / all) animals at the zoo.

동물원에는 많은 동물이 있어요.

8 We have (most / little) milk now.

우리에게는 지금 우유가 거의 없어요.

9 There are (empty / few) cookies on the plate.

접시에는 쿠키가 거의 없어요.

10 We have (enough / fill) chairs.

우리는 의자가 충분히 있어요.

E 주어진 단어를 활용해 문장을 완성해 보세요.

How _____ is it?

가격을 물어볼 때 무엇이라고 말하나요?

I like books with _____ pictures.

그림이 많은 책을 좋아하나요?

I had _____ breakfast today.

오늘 아침은 충분히 먹었나요?

The classroom is _____.

학교가 끝난 후 교실은 어떤 모습인가요?

I am close to _____ of my classmates.

학급의 모든 친구와 친한가요?

★ **Quantity** ★

- all
- most
- many
- much
- few
- little
- half
- enough
- empty
- fill

DAY 29 Frequency 빈도

듣고 따라하는
원어민 발음

⭐ 그림을 보며 단어를 익힌 후, 빈칸에 단어를 따라 써 보세요. 🎧29

always
항상

always

usually
대개, 일반적으로

usually

often
자주, 종종

often

sometimes
때때로

sometimes

who
누구

who

when
언제

when

where
어디

where

what
무엇

what

how
얼마나, 어떻게

how

why
왜

why

그림을 보고, 빈칸에 알맞은 말을 써넣으세요.

1

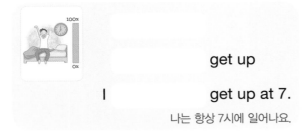

_____ get up

I _____ get up at 7.

나는 항상 7시에 일어나요.

2

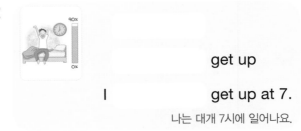

_____ get up

I _____ get up at 7.

나는 대개 7시에 일어나요.

3

_____ get up

I _____ get up at 7.

나는 자주 7시에 일어나요.

4

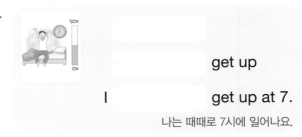

_____ get up

I _____ get up at 7.

나는 때때로 7시에 일어나요.

5

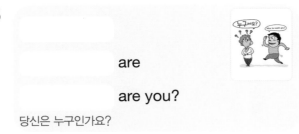

_____ are

_____ are you?

당신은 누구인가요?

6

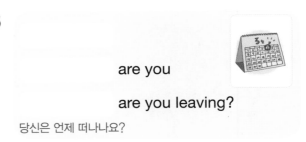

_____ are you

_____ are you leaving?

당신은 언제 떠나나요?

7

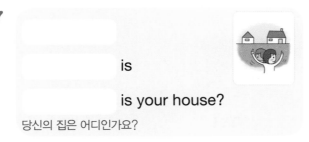

_____ is

_____ is your house?

당신의 집은 어디인가요?

8

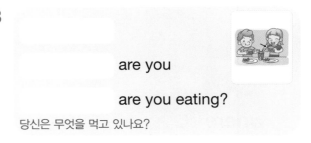

_____ are you

_____ are you eating?

당신은 무엇을 먹고 있나요?

9

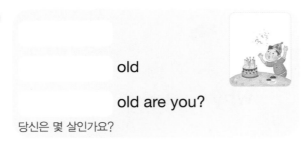

_____ old

_____ old are you?

당신은 몇 살인가요?

10

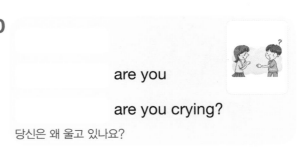

_____ are you

_____ are you crying?

당신은 왜 울고 있나요?

B 그림에 해당하는 낱말을 바르게 쓰고, ○안에 알맞은 알파벳을 쓰세요.

1

ehrwe

2

fnoet

3

ywh

4

thwa

C 그림에 알맞은 낱말을 퍼즐에서 찾아 ○표 하고, 해당하는 그림과 연결하세요.

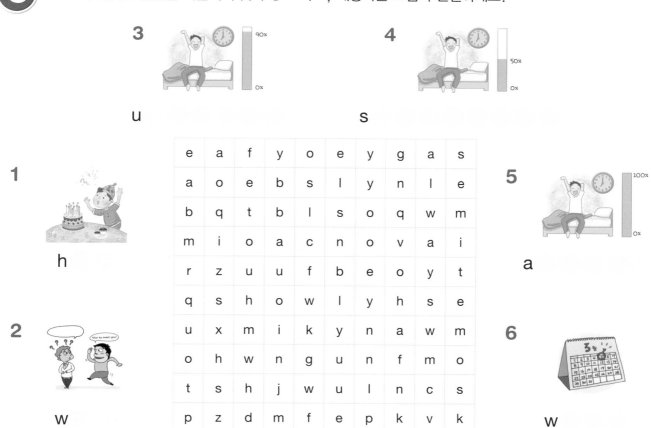

3

u

4

s

1

h

2

w

5

a

6

w

e	a	f	y	o	e	y	g	a	s
a	o	e	b	s	l	y	n	l	e
b	q	t	b	l	s	o	q	w	m
m	i	o	a	c	n	o	v	a	i
r	z	u	u	f	b	e	o	y	t
q	s	h	o	w	l	y	h	s	e
u	x	m	i	k	y	n	a	w	m
o	h	w	n	g	u	n	f	m	o
t	s	h	j	w	u	l	n	c	s
p	z	d	m	f	e	p	k	v	k

D 문장을 읽고, 알맞은 단어에 ○표 하세요.

1 (When / Often) is Hangul Day?　　　　　　　　　　한글날은 언제인가요?

2 I (sometimes / always) go to the library.　　　　나는 가끔씩 도서관에 가요.

3 (Who / Where) is the post office?　　　　　　　우체국은 어디 있어요?

4 She (always / usually) gets up at 7.　　　　　　그녀는 늘 7시에 일어나요.

5 (Where / Why) are you laughing?　　　　　　　당신은 왜 웃나요?

6 He (usually / sometimes) plays basketball after school.　그는 보통 방과 후에 농구를 해요.

7 (What / Who) is that boy?　　　　　　　　　　저 소년은 누구인가요?

8 He (when / often) goes to the park.　　　　　　그는 자주 공원에 가요.

9 (How / Why) can I help you?　　　　　　　　어떻게 도와드릴까요?

10 (How / What) is your sister's name?　　　　당신 여동생의 이름은 무엇인가요?

E 주어진 단어를 활용해 문장을 완성해 보세요.

I _____ eat out with my family.
외식은 얼마나 자주 하나요?

I _____ arrive at school on time.
학교에 제시간에 도착하나요?

I _____ exercise.
운동을 얼마나 자주 하나요?

_____ is your name?
처음 만나는 사람에게 이름을 물을 때 뭐라고 하나요?

_____ are you?
인사를 할 때 쓰는 표현에는 어떤 것이 있나요?

★Always★

• always
• usually
• often
• sometimes
• who
• when
• where
• what
• how
• why

Act 행동

듣고 따라하는
원어민 발음

⭐ 그림을 보며 단어를 익힌 후, 빈칸에 단어를 따라 써 보세요. 🎧 30

build
짓다, 건축하다

build

cover
~을 가리다, 덮다

cover

cross
건너다

cross

excuse
용서하다
Excuse me. 실례합니다.

excuse

join
참여하다, 가입하다

join

need
~을 필요로 하다

need

spend
~을 쓰다, 소비하다

spend

mean
~을 의미하다

mean

win
이기다, 승리하다

win

lose
지다, 잃다

lose

125

그림을 보고, 빈칸에 알맞은 말을 써넣으세요.

1

a house

They ____ a house.

그들은 집을 지어요.

2

my eyes

I ____ my eyes.

나는 내 눈을 가려요.

3

the street

I ____ the street.

나는 길을 건너요.

4

me

____ me. Don't cut in line.

실례합니다. 새치기하지 마세요.

5

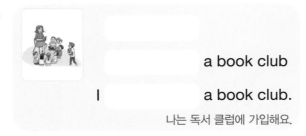

a book club

I ____ a book club.

나는 독서 클럽에 가입해요.

6

this

Do you ____ this?

너는 이것이 필요하니?

7

my money

I ____ my money.

나는 돈을 써요.

8

you

What do you ____?

무슨 의미인가요?

9

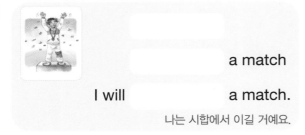

a match

I will ____ a match.

나는 시합에서 이길 거예요.

10

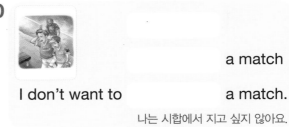

a match

I don't want to ____ a match.

나는 시합에서 지고 싶지 않아요.

B 그림을 보고, 알파벳을 연결하여 낱말을 완성한 후 빈칸에 써넣으세요.

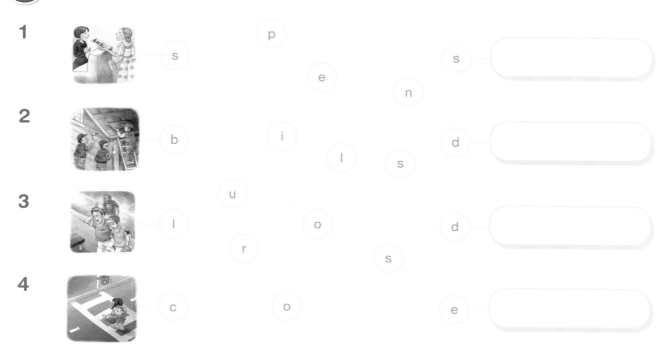

C 그림에 알맞은 낱말을 퍼즐에서 찾아 ○표 하고, 해당하는 그림과 연결하세요.

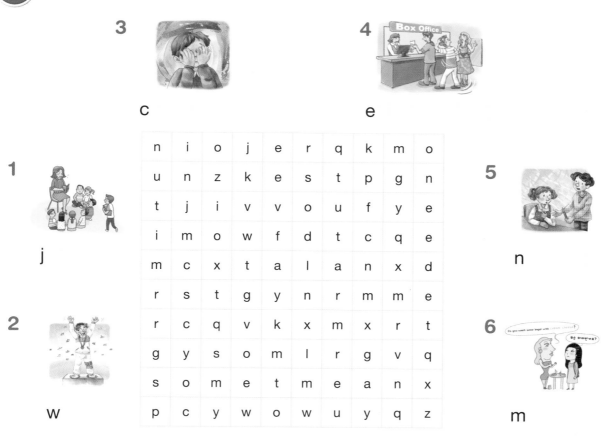

D 문장을 읽고, 알맞은 단어에 ○표 하세요.

1 I often (lose / build) my wallet.

나는 자주 지갑을 잃어버려요.

2 (Need / Excuse) me.

실례합니다.

3 Do you (need / cover) some help?

도움이 필요하신가요?

4 Red lights (join / mean) "stop."

빨간색 신호등은 '정지'를 의미해요.

5 The girl (crossed / excused) the road.

소녀는 길을 건넜어요.

6 They are (crossing / building) a tower.

그들은 탑을 짓고 있어요.

7 The boy will (join / win) a tennis team.

소년은 테니스 팀에 가입할 거예요.

8 She (spent / covered) the table with table cloths.

그녀는 식탁보로 식탁을 덮었어요.

9 My father often (spends / means) time with me.

우리 아버지는 자주 나와 시간을 보내세요.

10 Our team will (win / lose) the game.

우리 팀은 그 경기에서 승리할 거예요.

E 주어진 단어를 활용해 문장을 완성해 보세요.

Beavers _____ their homes.

비버는 자신의 집을 어떻게 하나요?

I can _____ the crosswalk.

신호등이 파란불일 때는 어떻게 하나요?

I _____ a club at school.

클럽 활동을 하고 싶으면 어떻게 하나요?

I _____ money on some items.

물건을 사고 싶으면 어떻게 하나요?

I always want to _____ a game.

시합에서 이기고 싶나요, 지고 싶나요?

★Act★
- build
- cover
- cross
- excuse
- join
- need
- spend
- mean
- win
- lose

이것이 THIS IS 시리즈다!

THIS IS GRAMMAR 시리즈

▷ 중·고등 내신에 꼭 등장하는 어법 포인트 분석 및 총정리

강남인강
강의교재

THIS IS READING 시리즈

▷ 다양한 소재의 지문으로 내신 및 수능 완벽 대비

강남인강
강의교재

THIS IS VOCABULARY 시리즈

▷ 주제별로 분류한 교육부 권장 어휘

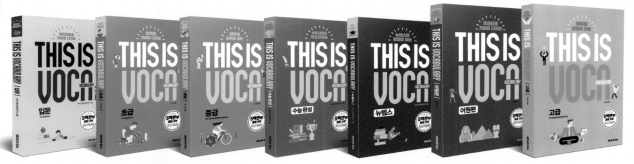

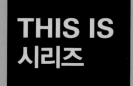

NEXUS Edu

LEVEL CHART

	초1	초2	초3	초4	초5	초6	중1	중2	중3	고1	고2	고3
VOCA	초등필수 영단어 1–2 · 3–4 · 5–6학년용									WORD PASS		
			The VOCA + (플러스) 1~7									
			THIS IS VOCABULARY 입문 · 초급 · 중급				고급 · 어원 · 수능 완성 · 뉴텝스				
					WORD FOCUS 중등 종합 5000 · 고등 필수 5000 · 고등 종합 9500							
Grammar			초등필수 영문법 + 쓰기 1~2									
			OK Grammar 1~4									
			This Is Grammar Starter 1~3									
				This Is Grammar 초급~고급 (각 2권: 총 6권)							
					Grammar 공감 1~3							
					Grammar 101 1~3							
					Grammar Bridge 1~3 (NEW EDITION)							
					The Grammar Starter, 1~3							
						한 권으로 끝내는 필수 구문 1000제						
						구사일생 (구문독해 Basic) 1~2						
							구문독해 204 1~2 (개정판)					
							고난도 구문독해 500					
						그래머 캡처 1~2						
							[특급 단기 특강] 어법어휘 모의고사					

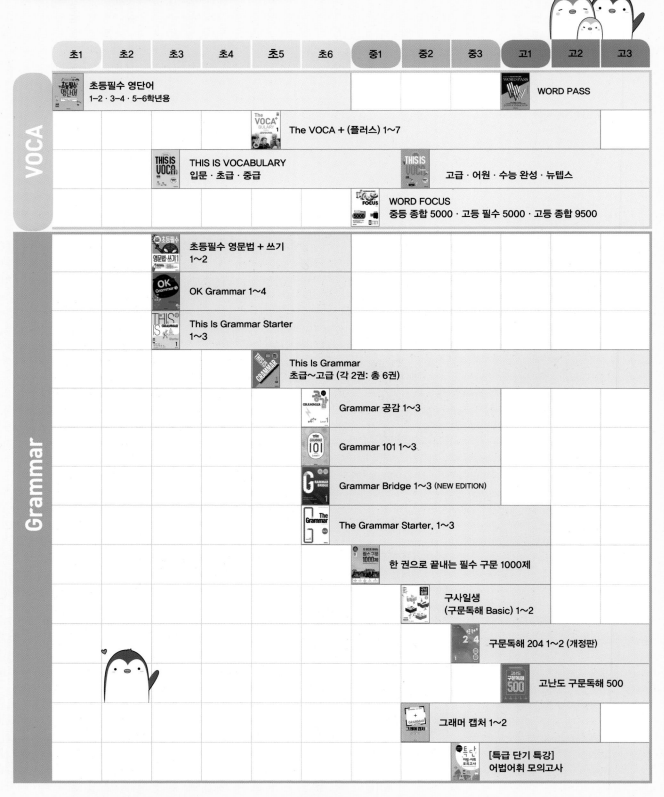

DAY 01 Restaurant

dish dish

요리, 접시

meat meat

고기

soup soup

수프

beef beef

소고기

chicken chicken

닭고기, 닭

sugar sugar

설탕

salt salt

소금

pepper pepper

후추

waiter waiter

종업원, 웨이터

pay pay

지불하다

2

A 다음 밑줄 친 단어와 뜻이 가장 비슷한 말을 고르세요.

1 My brother likes <u>beef</u> a lot.

① rice　　　　　② vegetable　　　　　③ meat

2 They called a <u>waiter</u> and ordered meals.

① cook　　　　　② server　　　　　③ farmer

3 My mother and father <u>pay</u> me for washing the dishes.

① hug　　　　　② thank　　　　　③ give money

4 The boy added some <u>pepper</u> to his soup.

① spice　　　　　② sauce　　　　　③ water

5 The chef is making a pasta <u>dish</u>.

① food　　　　　② drink　　　　　③ dessert

B 단어를 잘 듣고 받아쓴 후, 우리말 뜻과 연결하세요. 🎧w01

6 _____ •　　　　　• 소금

7 _____ •　　　　　• 고기

8 _____ •　　　　　• 설탕

9 _____ •　　　　　• 수프

10 _____ •　　　　　• 닭고기, 닭

DAY 02 Market

market market
시장

shop shop
가게, 상점

item item
상품

choose choose
~을 고르다, 선택하다

price price
값, 가격

free free
무료의

cheap cheap
값이 싼, 저렴한

expensive expensive
값이 비싼

buy buy
~을 사다, 구입하다

sell sell
~을 팔다

듣고 따라하는
원어민 발음

A 다음 밑줄 친 단어와 뜻이 가장 비슷한 말을 고르세요.

1 Peggy goes to the <u>market</u> and buys some fresh vegetables.

① restaurant ② department store ③ mart

2 You can <u>choose</u> one of them.

① select ② eat ③ buy

3 New sweet potatoes are in the <u>shops</u>.

① banks ② offices ③ stores

4 A lot of <u>items</u> are on sale now.

① machines ② cloths ③ things

5 Daddy will <u>buy</u> me some new shoes.

① make ② get ③ sell

B 단어를 잘 듣고 받아쓴 후, 우리말 뜻과 연결하세요. 🎧w02

6 _____ • • 무료의

7 _____ • • ~을 팔다

8 _____ • • 값, 가격

9 _____ • • 값이 비싼

10 _____ • • 값이 싼, 저렴한

Birthday

cake cake

케이크

candle candle

초

gift gift

선물

age age

나이

invite invite

~을 초대하다

visit visit

방문하다

bring bring

~을 가져오다

surprise surprise

놀라게 하다, 놀람

celebrate celebrate

축하하다, 기념하다

laugh laugh

웃다

A 다음 밑줄 친 단어와 뜻이 가장 비슷한 말을 고르세요.

1 Maggie gave me a Christmas <u>gift</u>.

① present ② card ③ letter

2 The children's eyes are full of <u>surprise</u>.

① anger ② sadness ③ wonder

3 Mike and July often <u>visit</u> their grandparents.

① go to see ② have meals with ③ invite

4 I'll <u>bring</u> you another drink.

① drink ② give ③ buy

5 People eat, talk and <u>laugh</u> at parties.

① shout ② cry ③ giggle

B 단어를 잘 듣고 받아쓴 후, 우리말 뜻과 연결하세요. w03

6 _____ •   • 나이

7 _____ •   • ~을 초대하다

8 _____ •   • 축하하다, 기념하다

9 _____ •   • 케이크

10 _____ •   • 초

7

Shapes

big big

큰

small small

작은

long long

긴

short short

짧은, 키가 작은

wide wide

넓은, 폭이 넓은

narrow narrow

좁은, 폭이 좁은

same same

같은

oval oval

타원형의, 타원형

rectangle rectangle

직사각형

cylinder cylinder

원통, 원기둥

듣고 따라하는
원어민 발음

A 다음 밑줄 친 단어와 뜻이 <u>반대되는</u> 말을 고르세요.

1 There is a <u>big</u> house across the river.
① large   ② cute   ③ small

2 Mary has <u>long</u> blond hair.
① thick   ② short   ③ curly

3 The twin brothers look <u>the same</u>.
① different   ② young   ③ cute

4 An old man is walking along the <u>narrow</u> road.
① long   ② wide   ③ deep

5 My aunt has a <u>small</u> garden in her house.
① oval   ② large   ③ flat

B 단어를 잘 듣고 받아쓴 후, 우리말 뜻과 연결하세요. w04

6 _____ •   • 원통, 원기둥

7 _____ •   • 넓은, 폭이 넓은

8 _____ •   • 직사각형

9 _____ •   • 짧은, 키가 작은

10 _____ •   • 타원형의, 타원형

DAY 05 Idea

correct correct

올바른, 옳은

wrong wrong

틀린, 잘못된

think think

~을 생각하다

guess guess

추측하다

forget forget

~을 잊다

remember remember

~을 기억하다

plan plan

계획, 계획하다

hope hope

희망, ~을 바라다

dream dream

꿈, 희망, 꿈꾸다

know know

~을 알다

A 다음 밑줄 친 단어와 뜻이 가장 비슷한 말을 고르세요.

1 Your answer is <u>correct</u>.
① right   ② wrong   ③ creative

2 You have the <u>wrong</u> number.
① difficult   ② right   ③ incorrect

3 Can you <u>guess</u> my age?
① predict   ② know   ③ understand

4 I <u>hope</u> to see you.
① know   ② think   ③ wish

5 My <u>dream</u> is becoming a scientist.
① hope   ② sleep   ③ job

B 단어를 잘 듣고 받아쓴 후, 우리말 뜻과 연결하세요. 🎧 w05

6 _____ •   • ~을 잊다

7 _____ •   • ~을 기억하다

8 _____ •   • ~을 알다

9 _____ •   • 계획, 계획하다

10 _____ •   • ~을 생각하다

11

Health

sick sick

병이 난, 아픈

hurt hurt

아프다, 다치다

fever fever

열

cough cough

기침

chest chest

가슴

stomach stomach

위

heart heart

심장

medicine medicine

약

life life

삶, 생명

die die

죽다

A 다음 밑줄 친 단어와 뜻이 가장 비슷한 말을 고르세요.

1 Doctors check <u>sick</u> people.

① strong   ② healthy   ③ ill

2 My back <u>hurts</u>!

① feels pain   ② feels good   ③ feels unhappy

3 I have a <u>fever</u> and a runny nose.

① sneezing   ② high temperature   ③ bad cough

4 The boy is taking some <u>medicine</u>.

① food   ② water   ③ drug

5 My dog <u>died</u> of old age.

① was sick   ② stopped living   ③ was born

B 단어를 잘 듣고 받아쓴 후, 우리말 뜻과 연결하세요. 🎧 w06

6 _____ •   • 가슴

7 _____ •   • 기침

8 _____ •   • 삶, 생명

9 _____ •   • 심장

10 _____ •   • 위

Mountain

wood wood

나무, 목재

rock rock

돌, 바위

hill hill

언덕

pond pond

연못

storm storm

폭풍, 폭풍우

lightning lightning

번개

thunder thunder

천둥

rainbow rainbow

무지개

fresh fresh

신선한

climb climb

오르다

A 다음 밑줄 친 단어와 뜻이 가장 비슷한 말을 고르세요.

1 My friends often go hiking in the <u>woods</u>.
  ① mountain   ② cave   ③ forest

2 A rabbit is hiding behind the <u>rock</u>.
  ① stone   ② sand   ③ bush

3 Ducks are swimming on the <u>pond</u>.
  ① swimming pool   ② water   ③ sea

4 Suddenly, <u>lightning</u> hit a tree.
  ① dark cloud   ② heavy rain   ③ a flash of light

5 They often <u>climb</u> mountains.
  ① take a walk   ② go up   ③ come down

B 단어를 잘 듣고 받아쓴 후, 우리말 뜻과 연결하세요. 🎧w07

6 _____ •   • 신선한

7 _____ •   • 언덕

8 _____ •   • 폭풍, 폭풍우

9 _____ •   • 무지개

10 _____ •   • 천둥

Camping

group group

집단, 무리

map map

지도

tent tent

텐트

flashlight flashlight

손전등

pot pot

냄비

site site

장소

grass grass

잔디

enjoy enjoy

~을 즐기다

leave leave

떠나다

arrive arrive

도착하다

듣고 따라하는
원어민 발음

A 다음 밑줄 친 단어와 뜻이 가장 비슷한 말을 고르세요.

1 I <u>arrive at</u> school at 8 in the morning.

① walk ② come to ③ leave

2 We <u>leave</u> our office at 6 in the evening.

① come to ② work ③ go away from

3 We will choose our camping <u>site</u>.

① tool ② place ③ car

4 I can see a bird among the <u>grass</u>.

① plants ② trees ③ farms

5 Please get me a <u>flashlight</u>.

① fire ② sunlight ③ electric light

B 단어를 잘 듣고 받아쓴 후, 우리말 뜻과 연결하세요. w08

6 _____ •   • 집단, 무리

7 _____ •   • 지도

8 _____ •   • ～을 즐기다

9 _____ •   • 텐트

10 _____ •   • 냄비

17

DAY 09 Condition

quick quick

빠른

slow slow

느린

high high

높은

low low

낮은

quiet quiet

조용한

noisy noisy

시끄러운

easy easy

쉬운

difficult difficult

어려운

dry dry

마른, 건조한

wet wet

젖은

듣고 따라하는 원어민 발음

A 다음 밑줄 친 단어와 뜻이 <u>반대되는</u> 말을 고르세요.

1 The old man walked with <u>slow</u> steps.

① quick   ② easy   ③ hard

2 A long river runs between <u>low</u> hills.

① green   ② high   ③ rocky

3 The classroom was <u>quiet</u>.

① clean   ② noisy   ③ silent

4 The test was <u>easy</u>.

① fun   ② boring   ③ difficult

5 The towels are <u>dry</u>.

① wet   ② cold   ③ hot

B 단어를 잘 듣고 받아쓴 후, 우리말 뜻과 연결하세요. 🎧w09

6 _____ •   • 빠른

7 _____ •   • 높은

8 _____ •   • 시끄러운

9 _____ •   • 어려운

10 _____ •   • 젖은

Daily schedule

wake wake

일어나다

exercise exercise

운동, 운동하다

wash wash

~을 씻다

hurry hurry

서두르다

say say

말하다

do do

하다

drive drive

운전하다

get get

얻다

use use

~을 사용하다

sleep sleep

자다

A 다음 밑줄 친 단어와 뜻이 가장 비슷한 말을 고르세요.

1 I <u>wash</u> my hair every day.

    ① cut   ② brush   ③ clean

2 The boys were in a <u>hurry</u>.

    ① rush   ② move   ③ walking

3 They <u>drive</u> to work at day.

    ① fly   ② take a bus   ③ travel in a car

4 We <u>get</u> presents every Christmas.

    ① receive   ② send   ③ give

5 Every morning, I <u>wake up</u> to the sound of birds singing.

    ① take a shower   ② go to bed   ③ stop sleeping

B 단어를 잘 듣고 받아쓴 후, 우리말 뜻과 연결하세요. w10

6 _____ •   • 하다

7 _____ •   • 운동, 운동하다

8 _____ •   • 자다

9 _____ •   • ～을 사용하다

10 _____ •   • 말하다

Airplane

pilot pilot

조종사

passenger passenger

승객

crew crew

승무원

seat seat

좌석, 자리

passport passport

여권

ticket ticket

표, 입장권

suitcase suitcase

여행 가방

wing wing

날개

runway runway

활주로

fly fly

비행하다, 날다

듣고 따라하는
원어민 발음

A 다음 밑줄 친 단어와 뜻이 가장 비슷한 말을 고르세요.

1 I can't find my <u>seat</u> in the theater.

    ① chair   ② movie   ③ screen

2 The man put his <u>suitcase</u> in the car.

    ① clothes   ② baggage   ③ box

3 They are fixing a <u>wing</u> of an airplane.

    ① pilot   ② cabin   ③ airplane part

4 An airplane is taking off from the <u>runway</u>.

    ① airport   ② helicopter   ③ road for airplanes

5 We often <u>fly</u> to different places.

    ① drive   ② travel in the air   ③ have a vacation

B 단어를 잘 듣고 받아쓴 후, 우리말 뜻과 연결하세요. w11

6 _____   •   • 표, 입장권

7 _____   •   • 여권

8 _____   •   • 승객

9 _____   •   • 조종사

10 _____   •   • 승무원

Travel

station station

역, 정거장

snack snack

간식, 스낵

game game

게임, 경기

street street

거리

bridge bridge

다리

city city

도시

country country

시골, 나라

wait wait

기다리다

begin begin

시작하다

stay stay

머무르다

A 다음 밑줄 친 단어와 뜻이 가장 비슷한 말을 고르세요.

1 I had a <u>snack</u> at the bar.

① drink   ② food   ③ main meal

2 Let's play a <u>game</u>!

① fun activity   ② reading   ③ exercise

3 The <u>street</u> is crowded with cars.

① building   ② person   ③ road

4 Seoul is a <u>city</u> of Korea.

① country   ② town   ③ square

5 The TV show <u>begins</u> at seven.

① starts   ② ends   ③ closes

B 단어를 잘 듣고 받아쓴 후, 우리말 뜻과 연결하세요. 🎧 w12

6 _____ •   • 시골, 나라

7 _____ •   • 기다리다

8 _____ •   • 역, 정거장

9 _____ •   • 다리

10 _____ •   • 머무르다

25

Beach

hat hat

모자

sunglasses sunglasses

선글라스

sunscreen sunscreen

자외선 차단제

bottle bottle

병

sand sand

모래

ocean ocean

바다

wave wave

파도

break break

휴식

lie lie

눕다

swim swim

수영하다

A 다음 밑줄 친 단어와 뜻이 가장 비슷한 말을 고르세요.

1 He is wearing <u>sunglasses</u>.

① swimsuits   ② glasses with dark lenses   ③ hats

2 The sun is very strong. Please put on <u>sunscreen</u>.

① lotion   ② cap   ③ sunglasses

3 I like swimming in the <u>ocean</u>.

① pool   ② water park   ③ sea

4 Dolphins <u>swim</u> together.

① eat food   ② move through water   ③ run away

5 I put a <u>bottle</u> of water in my bag.

① narrow container   ② bowl   ③ sack

B 단어를 잘 듣고 받아쓴 후, 우리말 뜻과 연결하세요. w13

6 _____ •   • 모래

7 _____ •   • 파도

8 _____ •   • 휴식

9 _____ •   • 눕다

10 _____ •   • 모자

Personality

curious curious

궁금한, 호기심이 많은

brave brave

용감한

shy shy

수줍어하는

careful careful

주의 깊은, 조심성 있는

honest honest

정직한

polite polite

예의 바른

kind kind

친절한

funny funny

재미있는

smart smart

똑똑한, 영리한

foolish foolish

어리석은

A 다음 밑줄 친 단어와 뜻이 <u>반대되는</u> 말을 고르세요.

1 A <u>brave</u> man saved a child.

① strong   ② weak   ③ afraid

2 My sister is very <u>shy</u> and doesn't talk much.

① outgoing   ② rude   ③ careful

3 A <u>polite</u> woman helped an old man.

① nice   ② quiet   ③ rude

4 Jack is cute and <u>smart</u>.

① tall   ② foolish   ③ ugly

5 The cartoon was very <u>funny</u>.

① scary   ② boring   ③ interesting

B 단어를 잘 듣고 받아쓴 후, 우리말 뜻과 연결하세요. w14

6 _____ •   • 궁금한, 호기심이 많은

7 _____ •   • 친절한

8 _____ •   • 정직한

9 _____ •   • 주의 깊은, 조심성 있는

10 _____ •   • 어리석은

sense sense

감각, 느낌

excellent excellent

뛰어난, 훌륭한

emotion emotion

감정

sound sound

~하게 들리다, 소리

see see

~을 보다

hear hear

~을 듣다

smell smell

~한 냄새가 나다, 냄새

taste taste

~한 맛이 나다

feel feel

느끼다

touch touch

~을 만지다, 촉각

듣고 따라하는
원어민 발음

A 다음 밑줄 친 단어와 뜻이 가장 비슷한 말을 고르세요.

1 The dinner was <u>excellent</u>.

① very poor   ② very good   ③ very big

2 You should express your <u>emotions</u>!

① ideas   ② dreams   ③ feelings

3 I heard a loud <u>sound</u>.

① music   ② noise   ③ thunder

4 I often <u>see</u> movies.

① listen   ② say   ③ watch

5 My parents often <u>hear</u> an orchestra play in a concert.

① listen to   ② visit   ③ play

B 단어를 잘 듣고 받아쓴 후, 우리말 뜻과 연결하세요. w15

6 _____ •   • ~한 맛이 나다

7 _____ •   • 감각, 느낌

8 _____ •   • 느끼다

9 _____ •   • ~한 냄새가 나다, 냄새

10 _____ •   • ~을 만지다, 촉각

DAY 16 Playground

slide slide

미끄럼틀

swing swing

그네

hide hide

숨다, ~을 숨기다

find find

~을 찾다

jump jump

뛰다, 뛰어 오르다

shout shout

외치다, 소리치다

throw throw

~을 던지다

catch catch

~을 잡다

hit hit

~을 치다, 때리다

kick kick

~을 발로 차다

32

듣고 따라하는
원어민 발음

A 다음 밑줄 친 단어와 뜻이 가장 비슷한 말을 고르세요.

1 Sometimes I <u>find</u> some money on the ground.
① discover   ② pay   ③ lose

2 Let's <u>jump</u> together.
① move upward   ② lie   ③ run

3 Don't <u>shout</u> too loud.
① call   ② sing   ③ cry

4 <u>Throw</u> the ball to me.
① shoot   ② toss   ③ kick

5 A boy <u>kicked</u> the ball into a goal.
① passed   ② touched   ③ hit with his foot

B 단어를 잘 듣고 받아쓴 후, 우리말 뜻과 연결하세요. 🎧w16

6 _____ •   • ～을 잡다

7 _____ •   • 숨다, ～을 숨기다

8 _____ •   • 미끄럼틀

9 _____ •   • 그네

10 _____ •   • ～을 치다, 때리다

33

picnic picnic

소풍

bench bench

벤치, 긴 의자

fountain fountain

분수, 분수대

trash can trash can

쓰레기통

balloon balloon

풍선

field field

들판

kid kid

아이

run run

달리다, 뛰다

smile smile

미소를 짓다

relax relax

쉬다, 긴장을 풀다

A 다음 밑줄 친 단어와 뜻이 가장 비슷한 말을 고르세요.

1 There is a <u>bench</u> near the pond.

① outdoor seat　　② lamp　　③ table

2 Throw the can into a <u>trash can</u>.

① basket　　② plastic bag　　③ waste bin

3 <u>Kids</u> are playing hide-and-seek.

① students　　② children　　③ animals

4 I opened the window and saw a green <u>field</u>.

① river　　② mountain　　③ ground

5 Let's <u>relax</u> under that tree.

① rest　　② stand　　③ eat

B 단어를 잘 듣고 받아쓴 후, 우리말 뜻과 연결하세요. w17

6 _____ •　　　　• 미소를 짓다

7 _____ •　　　　• 분수, 분수대

8 _____ •　　　　• 소풍

9 _____ •　　　　• 풍선

10 _____ •　　　　• 달리다, 뛰다

Exercise

gym gym

체육관

wrist wrist

손목

elbow elbow

팔꿈치

ankle ankle

발목

waist waist

허리

jump rope jump rope

줄넘기, 줄넘기하다

ready ready

준비가 된

turn turn

돌다

push push

~을 밀다, 찌르다

pull pull

~을 잡아당기다, 끌어당기다

A 다음 각 항목에 해당되는 단어를 보기에서 찾아 써넣으세요.

ankle	push	gym	wrist	jump rope

1 팔　　　　　　　　　　　_____

2 다리　　　　　　　　　　_____

3 동작　　　　　　　　　　_____

4 운동, 장소　　　　　　　_____

5 운동 (도구)　　　　　　　_____

B 단어를 잘 듣고 받아쓴 후, 우리말 뜻과 연결하세요. 🎧w18

6 _____　•　　　　　　　•　돌다

7 _____　•　　　　　　　•　팔꿈치

8 _____　•　　　　　　　•　허리

9 _____　•　　　　　　　•　~을 잡아당기다

10 _____　•　　　　　　　•　준비가 된

Time

early early

일찍

late late

늦게

noon noon

정오, 낮 12시

tonight tonight

오늘밤

today today

오늘

tomorrow tomorrow

내일

yesterday yesterday

어제

past past

과거

present present

현재

future future

미래

A 다음 빈칸에 들어갈 알맞은 말을 보기에서 찾아 써넣으세요.

| noon | early | today | tonight | future |

1 _____ : daytime   —   midnight : nighttime

2 _____ : in the morning   —   late : at night

3 2002 : the past   —   2050 : the _____

4 the past : yesterday   —   now : _____

5 today : _____   —   tomorrow : tomorrow night

B 단어를 잘 듣고 받아쓴 후, 우리말 뜻과 연결하세요. w19

6 _____   •   •   과거

7 _____   •   •   내일

8 _____   •   •   어제

9 _____   •   •   늦게

10 _____   •   •   현재

Direction

left left

왼쪽

right right

오른쪽

straight straight

똑바로

away away

떨어져

up up

위로

down down

아래로

east east

동쪽

west west

서쪽

south south

남쪽

north north

북쪽

A 다음 밑줄 친 단어와 뜻이 <u>반대되는</u> 말을 고르세요.

1 The bank is on your <u>right</u>.
① left   ② wrong   ③ correct

2 Keep <u>away</u> from the dog.
① far   ② close   ③ under

3 Some people are going <u>down</u> the mountains.
① into   ② toward   ③ up

4 The sun rises in the <u>east</u>.
① north   ② west   ③ south

5 The wind is coming from the <u>north</u>.
① south   ② east   ③ west

B 단어를 잘 듣고 받아쓴 후, 우리말 뜻과 연결하세요. 🎧w20

6 _____ •   • 왼쪽

7 _____ •   • 똑바로

8 _____ •   • 위로

9 _____ •   • 서쪽

10 _____ •   • 남쪽

first first

첫 번째의

second second

두 번째의

third third

세 번째의

fourth fourth

네 번째의

fifth fifth

다섯 번째의

sixth sixth

여섯 번째의

seventh seventh

일곱 번째의

eighth eighth

여덟 번째의

ninth ninth

아홉 번째의

tenth tenth

열 번째의

A 다음 빈칸에 들어갈 알맞은 말을 고르세요.

1 New Year's Day is the _____ day of the year.

① first   ② second   ③ third

2 February is the _____ month of the year.

① second   ② fifth   ③ seventh

3 May _____ is Children's Day in Korea.

① second   ② fourth   ③ fifth

4 May _____ is Parents' Day in Korea.

① first   ② sixth   ③ eighth

5 Today is my _____ birthday. I'm 10 years old now!

① fifth   ② seventh   ③ tenth

B 단어를 잘 듣고 받아쓴 후, 우리말 뜻과 연결하세요. 🎧 w21

6 _____ •　　　　　　　• 세 번째의

7 _____ •　　　　　　　• 네 번째의

8 _____ •　　　　　　　• 아홉 번째의

9 _____ •　　　　　　　• 여섯 번째의

10 _____ •　　　　　　　• 일곱 번째의

fur fur

털

tail tail

꼬리

beak beak

부리

fin fin

지느러미

home home

집

special special

특별한

cute cute

귀여운

want want

~을 원하다

keep keep

기르다, 키우다

feed feed

~에게 먹이를 주다

A 다음 밑줄 친 단어와 뜻이 가장 비슷한 말을 고르세요.

1 My dog has very soft <u>fur</u>.

① hairy ear　　　② hairy coat　　　③ hairy tail

2 We built our <u>homes</u> with wood.

① offices　　　② companies　　　③ houses

3 I have a <u>cute</u> dress.

① pretty　　　② clean　　　③ small

4 I <u>keep</u> a pet at home.

① sell　　　② raise　　　③ clean

5 Did you <u>feed</u> the dog?

① give food　　　② clean　　　③ walk

B 단어를 잘 듣고 받아쓴 후, 우리말 뜻과 연결하세요. w22

6 _____ ·　　　· 꼬리

7 _____ ·　　　· ~을 원하다

8 _____ ·　　　· 특별한

9 _____ ·　　　· 지느러미

10 _____ ·　　　· 부리

Conversation

problem problem

문제

communicate communicate

대화를 하다

both both

둘 다

give give

~을 주다

take take

받다, 취하다, 잡다

agree agree

동의하다

change change

~을 바꾸다

fight fight

싸우다

phone phone

전화, 전화를 하다

talk talk

이야기하다

46

A 다음 밑줄 친 단어와 뜻이 가장 비슷한 말을 고르세요.

1 You need to <u>communicate</u> with your parents.

① agree   ② change   ③ talk with

2 I like <u>both</u> of them.

① two   ② one   ③ zero

3 They will <u>phone</u> me tonight.

① call   ② remember   ③ forget

4 We need to <u>talk</u>.

① argue   ② have a conversation   ③ be quiet

5 We fixed the <u>problem</u>.

① difficult thing   ② luck   ③ machine

B 단어를 잘 듣고 받아쓴 후, 우리말 뜻과 연결하세요. w23

6 _____ •   • ～을 바꾸다

7 _____ •   • 받다, 취하다, 잡다

8 _____ •   • ～을 주다

9 _____ •   • 동의하다

10 _____ •   • 싸우다

47

Mail

name name

이름

address address

주소

stamp stamp

우표

mail mail

우편, 우편물

letter letter

편지

parcel parcel

소포

pack pack

포장하다, 싸다

send send

~을 보내다

deliver deliver

배달하다

receive receive

~을 받다

A 다음은 우편물이 전달되는 과정입니다. 보기에서 알맞은 단어를 골라 문장을 완성하세요.

stamp	pack	send	receive	address	deliver

You _____ your mail.

⇩

You write your friend's _____ and name on the mail.

⇩

The mail is _____ed.

⇩

You _____ the mail to your friend.

⇩

A mailman _____s the mail.

⇩

Your friend _____s it.

B 단어를 잘 듣고 받아쓴 후, 우리말 뜻과 연결하세요. 🎧 w24

6 _____ •

7 _____ •

8 _____ •

9 _____ •

10 _____ •

• 우표

• 우편, 우편물

• 이름

• 편지

• 소포

Lesson

idea idea

생각, 의견

word word

낱말, 단어

sentence sentence

문장

story story

이야기

ask ask

묻다, 질문하다

answer answer

대답하다, 대답

spell spell

철자를 쓰다

repeat repeat

반복하다

practice practice

연습하다, 연습

understand understand

～을 이해하다

A 다음 밑줄 친 단어와 뜻이 가장 비슷한 말을 고르세요.

1 My parents read me a <u>story</u> every day.

① word ② sentence ③ tale

2 <u>Answer</u> each question on the test sheet.

① reply ② ask ③ speak

3 How do you <u>spell</u> your name?

① understand ② pronounce ③ write letters

4 Will you <u>repeat</u> the question?

① ask ② say again ③ answer

5 He broke his wrist during <u>practice</u>.

① story ② sentence ③ exercise

B 단어를 잘 듣고 받아쓴 후, 우리말 뜻과 연결하세요. 🎧 w25

6 _____ •

7 _____ •

8 _____ •

9 _____ •

10 _____ •

• 생각, 의견

• 문장

• 묻다, 질문하다

• ~을 이해하다

• 낱말, 단어

downtown downtown

시내에, 시내

money money

돈

gold gold

금, 금의

silver silver

은, 은의

rich rich

부자의, 부유한

poor poor

가난한

count count

세다

exchange exchange

교환하다

borrow borrow

~을 빌리다

save save

~을 저축하다, 구하다

A 다음 밑줄 친 단어와 뜻이 가장 비슷한 말을 고르세요.

1 Do you have some <u>money</u>?

① paper   ② gem stone   ③ bills and coins

2 <u>Gold</u> is expensive.

① diamond   ② a yellow metal   ③ silver

3 The farmer <u>counts</u> his chickens every day.

① feeds   ② numbers   ③ cooks

4 We <u>exchange</u> cards and gifts.

① give and receive   ② write and buy   ③ look for

5 I <u>save</u> money in the bank.

① use   ② keep   ③ spend

B 단어를 잘 듣고 받아쓴 후, 우리말 뜻과 연결하세요. w26

6 _____ •   • 가난한

7 _____ •   • 부자의, 부유한

8 _____ •   • 시내에, 시내

9 _____ •   • 은, 은의

10 _____ •   • ～을 빌리다

card card

카드

party party

파티

birthday birthday

생일

anniversary anniversary

기념일

concert concert

콘서트

festival festival

축제

show show

보여 주다, 쇼

welcome welcome

환영하다

marry marry

~와 결혼하다

please please

기쁘게 하다

A 다음 밑줄 친 단어와 뜻이 가장 비슷한 말을 고르세요.

1 Let's watch the <u>show</u>.

① ticket   ② film   ③ program

2 The film <u>festival</u> is next week.

① special event   ② concert   ③ theater

3 I'm going to a <u>concert</u>.

① theater   ② music performance   ③ play

4 My father and my mother <u>married</u> in their young age.

① bought a home   ② became a family   ③ went on a trip

5 The comedian wants to <u>please</u> people.

① talk to   ② entertain   ③ teach

B 단어를 잘 듣고 받아쓴 후, 우리말 뜻과 연결하세요. w27

6 _____ •   • 카드

7 _____ •   • 환영하다

8 _____ •   • 생일

9 _____ •   • 파티

10 _____ •   • 기념일

Quantity

all all
모든, 모두

most most
대부분의, 대부분

many many
(수가) 많은

much much
(양이) 많은

few few
(수가) 거의 없는

little little
(양이) 거의 없는

half half
반, 2분의 1

enough enough
충분한

empty empty
빈, 비어 있는

fill fill
~을 채우다

A 다음 밑줄 친 단어와 뜻이 <u>반대되는</u> 말을 고르세요.

1 <u>Most</u> people hate snakes.

① many   ② little   ③ least

2 There are <u>many</u> apples in the refrigerator.

① few   ② a lot of   ③ much

3 They didn't eat <u>much</u> meat.

① a lot   ② little   ③ all

4 The cup is <u>empty</u>.

① broken   ② heavy   ③ full

5 <u>All</u> are welcome!

① everybody   ② nobody   ③ somebody

B 단어를 잘 듣고 받아쓴 후, 우리말 뜻과 연결하세요. 🎧w28

6 _____ •   • ～을 채우다

7 _____ •   • (수가) 거의 없는

8 _____ •   • 충분한

9 _____ •   • 반, 2분의 1

10 _____ •   • (양이) 거의 없는

always always

항상

usually usually

대개, 일반적으로

often often

자주, 종종

sometimes sometimes

때때로

who who

누구

when when

언제

where where

어디

what what

무엇

how how

얼마나, 어떻게

why why

왜

 A 다음 각각에 어울리는 의문사를 보기에서 찾아서 써넣으세요.

how often	when	who	what	where

1 always / usually / often / sometimes _____

2 Tom / Mary / my brother / my English teacher _____

3 at 5 o'clock / in the evening / tomorrow _____

4 at home / on the table / in a café / under the chair _____

5 a book / a bag / a ball / a pencil _____

B 단어를 잘 듣고 받아쓴 후, 우리말 뜻과 연결하세요. 🎧w29

6 _____ •

7 _____ •

8 _____ •

9 _____ •

10 _____ •

• 항상

• 자주, 종종

• 때때로

• 대개, 일반적으로

• 왜

build build

짓다, 건축하다

cover cover

~을 가리다, 덮다

cross cross

건너다

excuse excuse

용서하다

join join

참여하다, 가입하다

need need

~을 필요로 하다

spend spend

~을 쓰다, 소비하다

mean mean

~을 의미하다

win win

이기다, 승리하다

lose lose

지다, 잃다

A 다음 밑줄 친 단어와 뜻이 가장 비슷한 말을 고르세요.

1 They are <u>building</u> a bridge.

   ① drawing   ② planning   ③ making

2 <u>Excuse</u> me, but where is the post office?

   ① tell   ② forgive   ③ show

3 She <u>joined</u> a cartoon club.

   ① broke   ② entered into   ③ made

4 We often <u>spend</u> time together.

   ① use   ② save   ③ watch

5 An old lady is <u>crossing</u> the street.

   ① going across   ② driving   ③ marching

B 단어를 잘 듣고 받아쓴 후, 우리말 뜻과 연결하세요. 🎧w30

6 _____ •

                                                      • ~을 필요로 하다

7 _____ •

                                                      • ~을 의미하다

8 _____ •

                                                      • 지다, 잃다

9 _____ •

                                                      • 이기다, 승리하다

10 _____ •

                                                      • ~을 가리다, 덮다

(**MEMO**)

교육부 지정

초등필수 영단어

Answers

5-6
학년용

NEXUS Edu

Day 01

A 1 dish 2 meat 3 soup 4 beef
5 chicken 6 sugar 7 salt 8 pepper
9 waiter 10 pay

B 1 soup 2 waiter 3 sugar 4 pepper

C 1 dish 2 pay 3 chicken 4 salt 5 meat
6 beef

D 1 pepper 2 waiter 3 dish 4 meat 5 soup
6 sugar 7 salt 8 beef 9 chicken 10 pay

E salt, soup, waiter, beef, pay

Day 02

A 1 market 2 shop 3 item 4 choose
5 price 6 free 7 cheap 8 expensive
9 buy 10 sell

B 1 free 2 buy 3 choose 4 cheap

C 1 sell 2 market 3 item 4 expensive
5 shop 6 price

D 1 buys 2 shops 3 choose 4 items 5 sells
6 expensive 7 free 8 price 9 cheap
10 market

E Price, buy, sell, cheap, items

Day 03

A 1 cake 2 candle 3 gift 4 age 5 invite
6 visit 7 bring 8 surprise 9 celebrate
10 laugh

B 1 bring 2 age 3 celebrate 4 candle

C 1 gift 2 cake 3 invite 4 surprise 5 laugh
6 visit

D 1 invited 2 bring 3 gifts 4 celebrate
5 visited 6 Surprise 7 candles 8 laughed
9 age 10 cake

E invite, surprise, cake, gifts, candles

Day 04

A 1 big 2 small 3 long 4 short 5 wide
6 narrow 7 same 8 oval 9 rectangle
10 cylinder

B 1 oval 2 long 3 same 4 rectangle

C 1 short 2 big 3 wide 4 cylinder 5 small
6 narrow

D 1 short 2 small 3 long 4 oval 5 rectangle
6 cylinder 7 same 8 narrow 9 wide
10 big

E big, long, narrow, oval, cylinder

Day 05

A 1 correct 2 wrong 3 think 4 guess
5 forget 6 remember 7 plan 8 hope
9 dream 10 know

B 1 remember 2 dream 3 forget 4 plan

C 1 hope 2 wrong 3 think 4 correct
5 know 6 guess

D 1 thinking 2 dreams 3 correct 4 plans
5 wrong 6 hoping 7 guessed
8 remember 9 forget 10 know

E wrong, remember, plan, hope, dream

Day 06

A 1 sick 2 hurt 3 fever 4 cough 5 chest
6 stomach 7 heart 8 medicine 9 life
10 die

B 1 fever 2 sick 3 stomach 4 life

C 1 hurt 2 die 3 medicine 4 chest 5 heart
6 cough

D 1 life 2 sick 3 medicine 4 hurts 5 died
6 chest 7 stomach 8 fever 9 cough
10 heart

E sick, cough, medicine, life, stomach

Day 07

A 1 wood 2 rock 3 hill 4 pond 5 storm
6 lightning 7 thunder 8 rainbow 9 fresh
10 climb

B 1 fresh 2 climb 3 thunder 4 rock

C 1 storm 2 rainbow 3 pond 4 lightning
5 wood 6 hill

D 1 rock 2 pond 3 climb 4 thunder
5 wood 6 storm 7 lightning 8 rainbow
9 hill 10 fresh

E thunder, rainbow, fresh, woods, lightning

Day 08

A 1 group 2 map 3 tent 4 flashlight 5 pot
6 site 7 grass 8 enjoy 9 leave 10 arrive

B 1 grass 2 map 3 arrive 4 pot

C 1 tent 2 enjoy 3 group 4 flashlight
5 leave 6 site

D 1 site 2 arrive 3 grass 4 pot 5 flashlight
6 map 7 groups 8 tent 9 leaves
10 enjoys

E map, pot, flashlight, grass, tent

Day 09

A 1 quick 2 slow 3 high 4 low 5 quiet
6 noisy 7 easy 8 difficult 9 dry 10 wet

B 1 easy 2 slow 3 quiet 4 dry

C 1 low 2 noisy 3 difficult 4 quick 5 high
6 wet

D 1 low 2 high 3 easy 4 quick 5 difficult
6 wet 7 dry 8 quiet 9 noisy 10 slow

E quiet, wet, high, difficult, slow

Day 10

A 1 wake 2 exercise 3 wash 4 hurry 5 say
6 do 7 drive 8 get 9 use 10 sleep

B 1 sleep 2 hurry 3 wash 4 drive

C 1 get 2 use 3 exercise 4 wake 5 do
6 say

D 1 drives 2 say 3 Hurry 4 did 5 exercise
6 Wake 7 use 8 sleeps 9 get 10 wash

E exercise, wake, say, use, drive

Day 11

A 1 pilot 2 passenger 3 crew 4 seat
5 passport 6 ticket 7 suitcase 8 wing
9 runway 10 fly

B 1 suitcase 2 seat 3 fly 4 crew

C 1 ticket 2 runway 3 passport
4 passenger 5 pilot 6 wing

D 1 suitcase 2 pilot 3 passenger 4 crew
5 passport 6 seat 7 runway 8 ticket
9 wings 10 flying

E pilot, passport, suitcase, wings, ticket

Day 12

A 1 station 2 snack 3 game 4 Street
5 bridge 6 city 7 country 8 wait 9 begin
10 stay

B 1 begin 2 bridge 3 snack 4 wait

C 1 stay 2 game 3 station 4 country 5 city
6 street

D 1 country 2 bridge 3 snacks 4 begin
5 station 6 city 7 game 8 waiting
9 stay 10 street

E station, bridge, country, games, snacks

Day 13

A **1** hat **2** sunglasses **3** sunscreen **4** bottle **5** sand **6** ocean **7** wave **8** break **9** lie **10** swim

B **1** bottle **2** ocean **3** sunscreen **4** swim

C **1** lie **2** hat **3** sunglasses **4** break **5** wave **6** sand

D **1** sunglasses **2** sand **3** ocean **4** sunscreen **5** bottle **6** swim **7** hat **8** break **9** lying **10** waves

E sunglasses, bottle, sand, lie, swim

Day 14

A **1** curious **2** brave **3** shy **4** careful **5** honest **6** polite **7** kind **8** funny **9** smart **10** foolish

B **1** shy **2** kind **3** honest **4** smart

C **1** polite **2** brave **3** careful **4** curious **5** funny **6** foolish

D **1** honest **2** curious **3** brave **4** kind **5** polite **6** foolish **7** shy **8** smart **9** careful **10** funny

E curious, shy, funny, honest, brave

Day 15

A **1** sense **2** excellent **3** emotion **4** sound **5** see **6** hear **7** smell **8** taste **9** feel **10** touch

B **1** smell **2** feel **3** sound **4** hear

C **1** emotion **2** taste **3** sense **4** excellent **5** touch **6** see

D **1** sound **2** smell **3** feels **4** touch **5** excellent **6** emotions **7** heard **8** senses **9** taste **10** see

E see, hear, smell, taste, emotions

Day 16

A **1** slide **2** swing **3** hide **4** find **5** jump **6** shout **7** throw **8** catch **9** hit **10** kick

B **1** shout **2** catch **3** kick **4** hide

C **1** hit **2** swing **3** jump **4** slide **5** find **6** throw

D **1** find **2** hit **3** slide **4** jump **5** kicked **6** hiding **7** throwing **8** swings **9** catch **10** shouted

E swing, throw, kick, find, hit

Day 17

A **1** picnic **2** bench **3** fountain **4** trash can **5** balloon **6** field **7** kid **8** run **9** smile **10** relax

B **1** smile **2** bench **3** picnic **4** balloon

C **1** field **2** kid **3** trash can **4** relax **5** fountain **6** run

D **1** balloon **2** bench **3** Kids **4** picnic **5** trash can **6** fountain **7** running **8** field **9** smiled **10** relaxing

E picnic, fountain, trash can, smile, relax

Day 18

A **1** gym **2** wrist **3** elbow **4** ankle **5** waist **6** jump rope **7** ready **8** Turn **9** push **10** pull

B **1** ready **2** elbow **3** waist **4** push

C **1** pull **2** ankle **3** jump rope **4** wrist **5** gym **6** turn

D **1** jump rope **2** waist **3** turning **4** ankle **5** pulled **6** push **7** wrist **8** elbow **9** ready **10** gym

E gym, jump rope, push, elbows, waist

Day 19

A **1** early **2** late **3** noon **4** tonight **5** today **6** tomorrow **7** yesterday **8** past **9** present **10** future

B **1** future **2** noon **3** today **4** early

C **1** tonight **2** late **3** tomorrow **4** present **5** yesterday **6** past

D **1** tonight **2** yesterday **3** future **4** noon **5** early **6** tomorrow **7** today **8** late **9** present **10** past

E early, noon, present, tomorrow, today

Day 20

A **1** left **2** right **3** straight **4** away **5** up **6** down **7** east **8** west **9** south **10** north

B **1** right **2** away **3** west **4** south

C **1** up **2** east **3** straight **4** left **5** down **6** north

D **1** away **2** east **3** north **4** right **5** down **6** South **7** straight **8** left **9** up **10** west

E right, east, south, away, up

Day 21

A **1** first **2** second **3** third **4** fourth **5** fifth **6** sixth **7** seventh **8** eighth **9** ninth **10** tenth

B **1** third **2** eighth **3** fifth **4** first

C **1** fourth **2** ninth **3** seventh **4** tenth **5** sixth **6** second

D **1** eighth **2** fifth **3** second **4** seventh **5** first **6** fourth **7** sixth **8** ninth **9** tenth **10** third

E first, seventh, second, third, fourth

Day 22

A **1** fur **2** tail **3** beak **4** fin **5** home **6** special **7** cute **8** want **9** keep **10** feed

B **1** home **2** keep **3** tail **4** fin

C **1** want **2** fur **3** special **4** feed **5** beak **6** cute

D **1** special **2** cute **3** home **4** fur **5** keeps **6** tail **7** beak **8** fins **9** want **10** feeds

E beak, fur, fins, cute, feed

Day 23

A **1** problem **2** communicate **3** both **4** give **5** take **6** agree **7** change **8** fight **9** phone **10** talk

B **1** agree **2** talk **3** fight **4** communicate

C **1** phone **2** take **3** change **4** problem **5** both **6** give

D **1** gave **2** both **3** problem **4** communicate **5** fight **6** agree **7** phoned **8** changed **9** take **10** talking

E communicate, agree, take, fight, change

Day 24

A **1** name **2** address **3** stamp **4** mail **5** letter **6** parcel **7** pack **8** send **9** deliver **10** receive

B **1** parcel **2** send **3** receive **4** mail

C **1** name **2** address **3** stamp **4** deliver **5** pack **6** letter

D **1** mail **2** delivered **3** name **4** letter **5** stamp **6** address **7** packed **8** send **9** parcel **10** received

E send, deliver, address, pack, stamp

Day 25

A **1** idea **2** word **3** sentence **4** story **5** ask **6** answer **7** spell **8** repeat **9** practice **10** understand

B **1** story **2** idea **3** spell **4** practice

C **1** repeat **2** sentence **3** understand **4** word **5** answer **6** ask

D **1** understand **2** story **3** spell **4** word **5** repeat **6** sentence **7** idea **8** answer **9** asked **10** practice

E story, ask, sentences, practice, ideas

Day 26

A **1** downtown **2** money **3** gold **4** silver **5** rich **6** poor **7** count **8** exchange **9** borrow **10** save

B **1** poor **2** save **3** money **4** gold

C **1** count **2** rich **3** exchange **4** downtown

5 silver 6 borrow

D 1 poor 2 silver 3 gold 4 rich
5 exchanged 6 downtown 7 borrowed
8 money 9 counted 10 saving

E downtown, money, rich, borrow, save

Day 27

A 1 card 2 party 3 birthday 4 anniversary
5 concert 6 festival 7 show 8 welcome
9 marry 10 please

B 1 marry 2 show 3 anniversary 4 card

C 1 please 2 festival 3 birthday 4 welcome
5 concert 6 party

D 1 birthday 2 Welcome 3 party 4 festival
5 concert 6 please 7 anniversary
8 married 9 card 10 show

E party, birthday, concert, show, Welcome

Day 28

A 1 all 2 Most 3 many 4 much 5 few 6 little
7 Half 8 enough 9 empty 10 fill

B 1 all 2 little 3 much 4 empty

C 1 half 2 many 3 enough 4 few 5 fill
6 most

D 1 fill 2 empty 3 half 4 All 5 much 6 most
7 many 8 little 9 few 10 enough

E much, many, enough, empty, all

Day 29

A 1 always 2 usually 3 often 4 sometimes
5 Who 6 When 7 Where 8 What 9 How
10 Why

B 1 where 2 often 3 why 4 what

C 1 how 2 who 3 usually 4 sometimes
5 always 6 when

D 1 When 2 sometimes 3 Where 4 always
5 Why 6 usually 7 Who 8 often 9 How
10 What

E sometimes, always, often, What, How

Day 30

A 1 build 2 cover 3 cross 4 Excuse
5 join 6 need 7 spend 8 mean
9 win 10 lose

B 1 spend 2 build 3 lose 4 cross

C 1 join 2 win 3 cover 4 excuse 5 need
6 mean

D 1 lose 2 Excuse 3 need 4 mean
5 crossed 6 building 7 join 8 covered
9 spends 10 win

E build, cross, join, spend, win

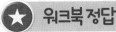 워크북 정답

Day 01

A 1 ③ 2 ② 3 ③ 4 ① 5 ①

B 6 chicken – 닭고기, 닭 7 soup – 수프
8 meat – 고기 9 sugar – 설탕 10 salt – 소금

Day 02

A 1 ③ 2 ① 3 ③ 4 ③ 5 ②

B 6 price – 값, 가격 7 cheap – 값이 싼, 저렴한
8 sell – ～을 팔다 9 free – 무료의
10 expensive – 값이 비싼

Day 03

A 1 ① 2 ③ 3 ① 4 ② 5 ③

B 6 celebrate – 축하하다, 기념하다 7 age – 나이
8 candle – 초 9 cake – 케이크
10 invite – ～을 초대하다

Day 04

A 1 ③ 2 ② 3 ③ 4 ② 5 ②

B 6 rectangle – 직사각형
7 oval – 타원형의, 타원형
8 short – 짧은, 키가 작은
9 cylinder – 원통, 원기둥
10 wide – 넓은, 폭이 넓은

Day 05

A 1 ① 2 ③ 3 ① 4 ③ 5 ①

B 6 plan – 계획, 계획하다 7 forget – ～을 잊다
8 think – ～을 생각하다 9 know – ～을 알다
10 remember – ～을 기억하다

Day 06

A 1 ③ 2 ① 3 ② 4 ③ 5 ②

B 6 life – 삶, 생명 7 cough – 기침
8 stomach – 위 9 heart – 심장
10 chest – 가슴

Day 07

A 1 ③ 2 ① 3 ② 4 ③ 5 ②

B 6 storm – 폭풍, 폭풍우 7 hill – 언덕
8 thunder – 천둥 9 rainbow – 무지개
10 fresh – 신선한

Day 08

A 1 ② 2 ③ 3 ② 4 ① 5 ③

B 6 map – 지도 7 pot – 냄비
8 enjoy – ～을 즐기다
9 group – 집단, 무리 10 tent – 텐트

Day 09

A 1 ① 2 ② 3 ② 4 ③ 5 ①

B 6 noisy – 시끄러운 7 difficult – 어려운
8 high – 높은 9 wet – 젖은 10 quick – 빠른

Day 10

A 1 ③ 2 ① 3 ③ 4 ① 5 ③

B 6 use – ～을 사용하다 7 do – 하다
8 say – 말하다 9 exercise – 운동, 운동하다
10 sleep – 자다

Day 11

A 1 ① 2 ② 3 ③ 4 ③ 5 ②

B 6 passenger – 승객 7 ticket – 표, 입장권
8 pilot – 조종사 9 passport – 여권
10 crew – 승무원

Day 12

A 1 ② 2 ① 3 ③ 4 ② 5 ①

B 6 bridge – 다리 7 station – 역, 정거장
8 wait – 기다리다 9 stay – 머무르다
10 country – 시골, 나라

Day 13

A 1 ② 2 ① 3 ③ 4 ② 5 ①

B 6 wave – 파도 7 hat – 모자 8 lie – 눕다
9 break – 휴식 10 sand – 모래

Day 14

A 1 ③ 2 ① 3 ③ 4 ② 5 ②

B 6 kind – 친절한 7 foolish – 어리석은
8 careful – 주의 깊은, 조심성 있는
9 honest – 정직한
10 curious – 궁금한, 호기심이 많은

Day 15

A 1 ② 2 ③ 3 ② 4 ③ 5 ①

B 6 smell – ～한 냄새가 나다, 냄새
7 touch – ～을 만지다, 촉각 8 feel – 느끼다
9 taste – ～한 맛이 나다 10 sense – 감각, 느낌

Day 16

A 1 ① 2 ① 3 ④ 4 ② 5 ③

B 6 swing – 그네 7 catch – ～을 잡다
8 slide – 미끄럼틀 9 hide – 숨다, ～을 숨기다
10 hit – ～을 치다, 때리다

Day 17

A 1 ① 2 ③ 3 2 4 ③ 5 ①

B 6 picnic – 소풍 7 smile – 미소를 짓다
8 run – 달리다, 뛰다 9 fountain – 분수, 분수대
10 balloon – 풍선

Day 18

A 1 wrist 2 ankle 3 push 4 gym
5 jump rope

B 6 pull – ~을 잡아당기다 7 waist – 허리
8 elbow – 팔꿈치 9 ready – 준비가 된
10 turn – 돌다

Day 19

A 1 noon 2 early 3 future 4 today 5 tonight

B 6 late – 늦게 7 past – 과거
8 tomorrow – 내일 9 yesterday – 어제
10 present – 현재

Day 20

A 1 ① 2 ③ 3 4 2 5 ①

B 6 up – 위로 7 west – 서쪽 8 left – 왼쪽
9 straight – 똑바로 10 south – 남쪽

Day 21

A 1 ① 2 ① 3 ③ 4 ③ 5 ③

B 6 fourth – 네 번째의 7 ninth – 아홉 번째의
8 sixth – 여섯 번째의 9 third – 세 번째의
10 seventh – 일곱 번째의

Day 22

A 1 ② 2 ③ 3 ① 4 ② 5 ①

B 6 special – 특별한 7 beak – 부리
8 fin – 지느러미 9 tail – 꼬리
10 want – ~을 원하다

Day 23

A 1 ③ 2 ③ 3 ① 4 ② 5 ①

B 6 fight – 싸우다 7 agree – 동의하다
8 give – ~을 주다 9 take – 받다, 취하다, 잡다
10 change – ~을 바꾸다

Day 24

A pack, address, stamp, send, deliver,
receive

B 6 parcel – 소포 7 name – 이름 8 letter – 편지
9 stamp – 우표 10 mail – 우편, 우편물

Day 25

A 1 ③ 2 ① 3 3 4 ② 5 ③

B 6 word – 낱말, 단어 7 idea – 생각, 의견
8 ask – 묻다, 질문하다
9 understand – ~을 이해하다
10 sentence – 문장

Day 26

A 1 ③ 2 ② 3 ② 4 ① 5 ②

B 6 poor – 가난한 7 borrow – ~을 빌리다
8 rich – 부자의, 부유한 9 silver – 은, 은의
10 downtown – 시내의, 시내

Day 27

A 1 ③ 2 ① 3 ② 4 ② 5 ②

B 6 birthday – 생일 7 card – 카드
8 welcome – 환영하다
9 anniversary – 기념일 10 party – 파티

Day 28

A 1 ③ 2 ① 3 ② 4 ③ 5 ②

B 6 fill – ~을 채우다 7 half – 반, 2분의 1
8 little – (양이) 거의 없는 9 few – (수가) 거의 없는
10 enough – 충분한

Day 29

A 1 how often 2 who 3 when 4 where
5 what

B 6 why – 왜 7 always – 항상
8 often – 자주, 종종 9 sometimes – 때때로
10 usually – 대개, 일반적으로

Day 30

A 1 ③ 2 ② 3 ② 4 ① 5 ①

B 6 mean – ~을 의미하다 7 lose – 지다, 잃다
8 need – ~을 필요로 하다
9 win – 이기다, 승리하다
10 cover – ~을 가리다, 덮다

(MEMO)

보고★듣고★읽고★쓰면서 외우는

초등필수 영단어

교육부 초등 권장 어휘
+
학년별 필수 표현 수록

Step 1

이미지 연상법과 패턴 연습으로
단어와 문장을 동시에 암기해요.

Step 2

퀴즈와 퍼즐로 재미있게 단어를 익혀요.

Step 3

단어 고르기와 빈칸 채우기 문제로
익힌 단어를 확인해요.

Step 4

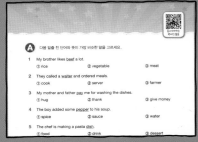

책에 들어 있는 워크북으로 꼼꼼하게
마무리해요.

원어민 음성 듣는 방법 3가지   정답 및 MP3 음원 다운로드 www.nexusbook.com

★ QR코드 스캔

★ 주소창에 사이트 주소 입력
http://word.nexusbook.com

★ 검색창에 책 제목 입력
초등필수 영단어

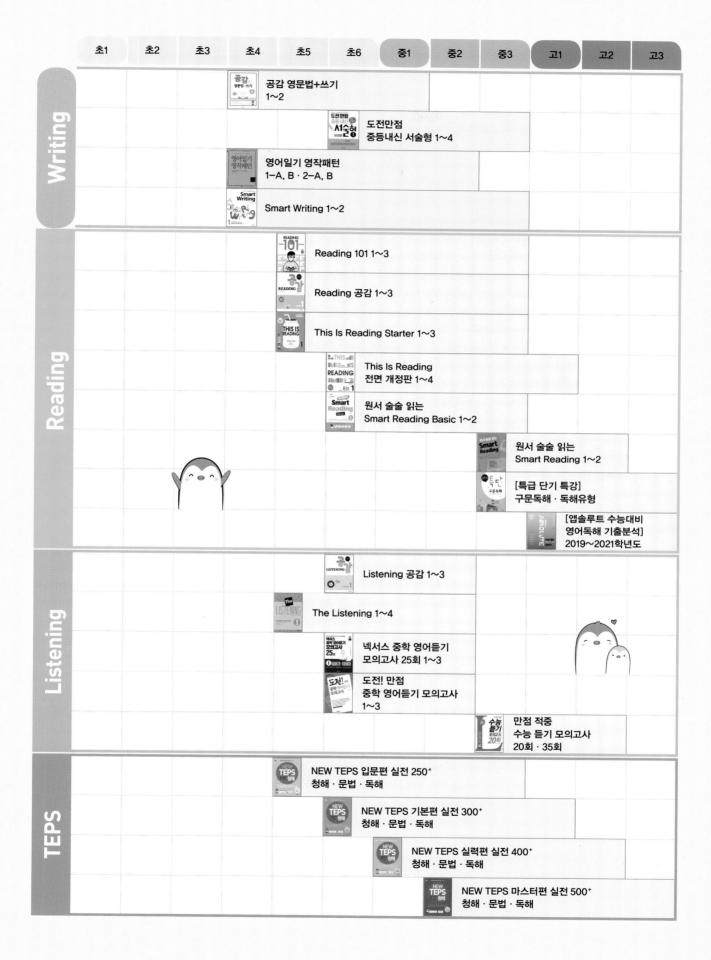

초1	초2	초3	초4	초5	초6	중1	중2	중3	고1	고2	고3

Writing

- 공감 영문법+쓰기 1~2
- 도전만점 중등내신 서술형 1~4
- 영어일기 영작패턴 1-A, B · 2-A, B
- Smart Writing 1~2

Reading

- Reading 101 1~3
- Reading 공감 1~3
- This Is Reading Starter 1~3
- This Is Reading 전면 개정판 1~4
- 원서 술술 읽는 Smart Reading Basic 1~2
- 원서 술술 읽는 Smart Reading 1~2
- [특급 단기 특강] 구문독해 · 독해유형
- [앱솔루트 수능대비 영어독해 기출분석] 2019~2021학년도

Listening

- Listening 공감 1~3
- The Listening 1~4
- 넥서스 중학 영어듣기 모의고사 25회 1~3
- 도전! 만점 중학 영어듣기 모의고사 1~3
- 만점 적중 수능 듣기 모의고사 20회 · 35회

TEPS

- NEW TEPS 입문편 실전 250+ 청해 · 문법 · 독해
- NEW TEPS 기본편 실전 300+ 청해 · 문법 · 독해
- NEW TEPS 실력편 실전 400+ 청해 · 문법 · 독해
- NEW TEPS 마스터편 실전 500+ 청해 · 문법 · 독해